学生管理工作创新研究

乔 霞 ◎ 著

吉林出版集团股份有限公司

图书在版编目（CIP）数据

学生管理工作创新研究 / 乔霞著. — 长春：吉林出版集团股份有限公司，2023.10
　ISBN 978-7-5731-4418-8

　Ⅰ．①学… Ⅱ．①乔… Ⅲ．①高等学校－学生－学校管理－研究 Ⅳ．①G645.5

中国国家版本馆CIP数据核字（2023）第206399号

学生管理工作创新研究
XUESHENG GUANLI GONGZUO CHUANGXIN YANJIU

著　　者	乔　霞
责任编辑	曲珊珊
封面设计	林　吉
开　　本	787mm×1092mm　1/16
字　　数	220千
印　　张	14.5
版　　次	2023年10月第1版
印　　次	2024年1月第1次印刷
出版发行	吉林出版集团股份有限公司
电　　话	总编办：010-63109269
	发行部：010-63109269
印　　刷	廊坊市广阳区九洲印刷厂

ISBN 978-7-5731-4418-8　　　　　　　　　　　　定价：78.00元
版权所有　　侵权必究

前　言

教育是文明的灯塔，学生管理则是引导学子航向成功的舵手。在这个充满变革和机遇的时代，学生管理工作亦需不断创新与发展，以更好地满足学生多元化的需求，引领他们走向光辉的未来。本书旨在探讨和分享学生管理领域的新思路与实践。

学生管理工作，既是一项具有挑战性的任务，也是一项充满希望的事业。在现代社会，学生的成长需求日益多样化，传统的管理模式逐渐显得力不从心。因此，本书汇集了众多教育专家、管理者、研究者的智慧和经验，致力于探讨学生管理工作的创新途径，以提升教育质量和培养效果。

本书关注学生全面发展，强调从学生的视角出发。我们深知，学生管理不仅仅是为了维护秩序，更是为了引导学生的成长。因此，本书将从学生的需求、兴趣、能力等多个维度出发，探讨如何制定更加针对性的管理策略，使学生在管理中感受到尊重和关爱。

同时，本书也强调信息化和科技在学生管理中的应用。当今社会，科技的飞速发展为学生管理带来了全新的机遇和挑战。我们将关注智能化管理系统、在线辅导平台等创新工具的应用，探讨如何通过科技手段提升管理效率和服务质量。

编写本书的过程中,我们汇集了丰富的案例研究和实践经验,借鉴了众多学者和从业者的智慧。感谢所有为本书付出努力的人,是你们的支持和贡献,使得这本书成为一本有关学生管理创新的重要参考资料。

目 录

第一章 大学生管理概述 ·· 1

 第一节 研究背景 ·· 2

 第二节 研究目的和意义 ·· 2

 第三节 新形势下加强高校学生工作管理的紧迫性 ·························· 4

第二章 大学生工作管理理论分析 ·· 11

 第一节 大学生工作管理的内涵及特点 ····································· 11

 第二节 大学生工作管理的目标及原则 ····································· 15

 第三节 大学生工作管理取得的成绩 ······································· 17

 第四节 大学生工作管理面临的问题及其成因 ······························ 20

 第五节 完善我国大学生工作管理模式对策研究 ···························· 28

第三章 大学生管理模式创新 ·· 39

 第一节 融入开放性的思想 ··· 39

 第二节 提升教育服务意识 ··· 42

 第三节 创新管理方式 ··· 54

 第四节 坚持"以人为本"的理念 ·· 60

 第五节 "以人为本"的高校学生管理模式 ·································· 67

 第六节 目标设置理论下的高校学生管理模式 ······························ 79

第四章 大学生奖励与资助工作管理 ·· 85

 第一节 大学生奖励制度概述 ··· 85

第二节　高校大学生奖励制度现状 …………………………………… 91
　　第三节　高校大学生奖励制度存在问题的解决路径 ………………… 101
　　第四节　高校资助现状 ………………………………………………… 116
　　第五节　高校资助机制存在的问题及原因分析 ……………………… 119
　　第六节　高校资助机制建构实现的路径及对策 ……………………… 128

第五章　大数据与高校学生管理工作 ……………………………………… 140
　　第一节　传统时代的高校学生管理工作 ……………………………… 140
　　第二节　高校学生管理工作大数据的概念 …………………………… 144
　　第三节　高校学生管理工作大数据的特点 …………………………… 149
　　第四节　高校学生管理工作大数据的提取技术 ……………………… 154
　　第五节　大数据与高校学生管理工作深度融合 ……………………… 158

第六章　大数据时代学生管理的理论创新 ………………………………… 165
　　第一节　大数据时代高校学生管理工作的重要意义 ………………… 165
　　第二节　大数据时代高校学生管理工作面临的挑战 ………………… 171
　　第三节　大数据时代高校学生管理工作的机遇分析 ………………… 173
　　第四节　大数据时代高校学生管理工作信息化研究 ………………… 175
　　第五节　大数据应用对高校学生管理工作的推动力 ………………… 180

第七章　大数据时代学生管理的实践 ……………………………………… 187
　　第一节　大数据服务高校学生教育与管理的应用 …………………… 187
　　第二节　大数据时代高校学生工作的信息化管理 …………………… 192
　　第三节　大数据时代高校学生思想教育工作优化 …………………… 197
　　第四节　大数据时代学生事务管理工作创新路径 …………………… 207
　　第五节　大数据时代学生危机事件管理体系的构建 ………………… 213

参考文献 ……………………………………………………………………… 224

第一章　大学生管理概述

随着高等教育不断深化改革，我国高校的教学质量和水平都得到了很大的提升。然而，就现阶段来看，尽管我国高校的教学质量和办学规模等都有了很大的提升，也得到了社会公众的普遍认可，但其中仍存在许多问题，如管理不完善，这在某种程度上限制了高校的发展。这就要求高校的管理者及教职工人员能对这些问题进行充分的分析，探究问题产生的原因，进而有针对性地提出相关策略，切实有效地解决高校学生工作管理中存在的问题。

从现实层面看，一个良好有效的学生工作管理模式往往对高校发展的稳定性、校园氛围的和谐性等诸多方面有着重要的影响，各高校都应对学生工作管理给予足够的重视。然而受多种因素的影响，我国仍有一部分高校将工作重点放在专业课程设置、师资团队建设等方面，而对学生工作管理依然没有给予足够的重视。高校应及时跟进了解每个学生的实际情况和性格特点，然后对学生的特性进行分类，以制定相应的管理策略，并适时调整学生工作管理机制。只有这样才能更好地管理学生，提高学生工作管理的效率。

第一节 研究背景

高校是杰出青年集中的地方，关心和爱护青年学生，为他们实现人生目标搭建舞台，是学生工作管理应有之意、应做之事。

贯彻落实党的二十大精神和全国、全区高校工作会议精神，要从多方面努力，要做好高校的教育工作、新生工作管理、就业与创业指导工作、安全教育与危机应对工作、奖励与资助工作、少数民族学生工作，等等；要吸取国内外高校学生事务管理的经验和教训，在现代化信息技术的基础上，全面开创高校学生工作管理新局面。

第二节 研究目的和意义

一、研究目的

当今世界正处在大发展、大变革、大调整时期，世界多极化、经济全球化深入发展，科技进步日新月异，人才竞争日趋激烈。我国正处在改革发展的关键阶段，经济建设、政治建设、文化建设、社会建设以及生态文明建设全面推进，工业化、信息化、城镇化、市场化、国际化深入发展，人口、资源、环境压力日益加大，经济发展方式加快转变，都凸显了提高国民素质、培养创新人才的重要性和紧迫性。中国未来发展、中华民族伟大复兴，关键靠人才，根本在教育。

《国家中长期教育改革和发展规划纲要（2010—2020年）》指出，把改革创新作为教育发展的强大动力。教育要发展，根本靠改革。要以体制机制改革为重点，鼓励地方和学校大胆探索和试验，加快重要领域和关键环节改革步伐。创新人才培养体制、办学体制、教育管理体制，改革质量评价和考试招生制度，改革教学内容、方法、手段，建设现代学校制度。加快解决经济社会发展对高质量多样化人才需要与教育培养能力不足的矛盾、人民群众期盼良好教育与资源相对短缺的矛盾、增强教育活力与体制机制约束的矛盾，为教育事业持续健康发展提供强大动力。

在新形势下，经济全球化趋势、社会变革加剧、网络时代的冲击、学生群体特征的变化等都对当前学生工作管理造成了不小的影响。因此，积极探索新形势下高校学生工作管理的新视角、新思路、新举措，不断创新和改进学生工作管理，不断提升学生工作管理水平，促进人才培养工作，是本书研究的主要目的。

二、研究的意义

大学生是青年中的优秀分子，是十分宝贵的人才资源，他们的思想道德素质、科学文化素质和健康素质直接关系到党和国家的生死存亡，关系到中国特色社会主义事业的兴衰成败，关系到全面建设小康社会和中华民族伟大复兴的目标的实现。高校的学生工作管理在培养人才方面起着十分重要的作用，正确理解和把握高校学生工作管理，与时俱进地创新工作方法和模式，对于维护高校稳定发展、促进大学生的成长具有积极意义。

2012年3月，教育部在《关于全面提高高等教育质量的若干意见》中明确提出了"坚持内涵式发展""完善人才培养质量标准体系""创新人才培养模式"等具体要求，为高校的改革和发展指明了方向。长期以来，各高校已经形成了较为固定的人才培养模式和学生管理方式。为了深入贯彻落实教育部《关于全面提高高等教育质量的若干意见》的精神，深化教育教学改革，全面提高教育质量，高等学校将在教学改革、学生工作管理等诸多方面做出改进和调整。高校培养目标的重新定位必然要求其学生工作、人事、后勤等方面密切配合，在不断调整中理顺工作机制。作为以育人为目的、服务于人才培养的高校学生工作管理，势必要在改革中发挥重要作用。因此，在实际工作中，学生工作管理创新显得尤为重要和迫切。学生工作管理队伍也需要相应地在调整中进行重组，重新进行事业定位，转换思路，投入新的工作领域。这不仅需要热情，更需要有创新的精神。只有创新才能有生命力，才能将热情转化为有效的斗志，开展扎实的工作，发挥实际作用。

第三节　新形势下加强高校学生工作管理的紧迫性

一、当前高校学生工作管理面临的新形势

加速的对外开放、不可预测的市场生命力、多元化思潮、炫目迷离的机遇、虚拟无边的网络、虚实错杂的信息……一切都处于高速的发展变化中，时刻冲击着传统的学生工作管理模式。随着世界政治多极化、经济全球化、文化多元化、信息网络化以及社会组织形式和生活方式的多样化等新形势的出现，高校学生工作管理面临着新的挑战。

（一）社会发展的新变革

当前，我国正处在深刻的社会转型之中，国际国内形势复杂多变。这给高校学生工作管理带来的新形势主要有以下几点。

1. 全球化趋势日益明显

现代科技的进步，尤其是空间信息技术的发展和普及，为全球化提供了超越时空的物质手段。由此世界范围内各种联系不断加强，各民族、国家、地区之间交往的时空限制被极大弱化，全方位地沟通、联系已经逐步成为现实，各国家、地区间相互依存，共谋发展，优势互补，极大地推动了人类和社会的全面发展。

然而，全球化是一把双刃剑。在全球化进程中，民族文化、社会思潮相互碰撞，对社会主义中国的文化建设既有积极的借鉴作用，又有不可避免的消极影响。大学生正处于思维活跃、求知意识旺盛的阶段，他们好奇心强、易于接受新事物但辨别是非的能力不强，容易受不良信息的误导。

2. 中国社会主义市场经济体制日臻完善

中国特色社会主义市场经济体制的建立、发展和完善，使利益关系呈现多元化的趋向，过去许多传统的、相对单一的企业内部组织关系转化为不同主体之间的利益关系，反映到分配方式上，就是资本、技术、知识、管理等生产要素进入分配领域，呈现出利益分配的多种形式。这一切都对人们的思维方式、价值取向、行为习惯、情感模式等产生巨大影响，人们思想活动的独立性、选择性、多变性和差异性日益增强，从而导致人们价值观念的嬗变。这有利于大学生树立自强意识、创新意识、成才意识和立业意识，但同时也带来了一些不容忽视的负面影响。

3. 文化思潮日益多元化

伴随全球化进程的加快，在现实社会中，文化提供给人们的将不再是单纯的色彩、固定的理念，而是由丰富多彩的本土文化、外来文化和多种文化融合而产生的混合文化共存的局面。世界上不同的地域、不同的国家、不同社会制度下的文化相互融合并共处于同一环境，使我国的文化结构呈现出色彩缤纷的多元化趋势。

文化多元化为人们提供了各得其所的选择，人们可以按照不同的文化趣味生活。热情奉献中夹杂着对个人利益的考虑，以身作则中存在着自由主义的倾向，以大局为重的主流下夹杂着个别本位主义思想的表现，都在一定程度上说明了社会上多元文化的并存与杂合。当代大学生作为最敏感的群体，最先感觉和接触多样性文化，这对他们的认识论和价值观起到了潜移默化的作用。

4. 网络化生存方式带来新变革

互联网技术的高速发展，使地球变成了"地球村"，社会的生产、生活都紧密地联系起来，使人们能随时随地获得最新资讯。互联网是人们认识世界的一种新方式，也是人们改变世界的一种新方式。

网络可以使大学生开阔思维，也可以促进大学生观念的实时更新，对大学生的竞争意识和创新意识的激发具有重要作用；大学校园文化的新领域被开辟出来，形成了大学生新的文化范畴和文化精神。例如，BBS讨论区、网上主题论坛等，都受到了大学生的青睐。高校思想教育者通过这些途径，使思想教育具有互动性和灵活性，从而在某种程度上实现受教育者与教育者的平等对话。但是，网络的虚拟性带来的诸多不良影响也应该引起相关教育者的重视。

5. 教育法制化建设有效推进

随着法治理念的普及和个人权利意识的增强，原有的管理思想、管理模式、管理方法越来越不适应形势的变化和发展，使得高校管理的实践进程不可避免地出现新旧观念的碰撞、价值矛盾和权利的冲突。教育法律体系的进一步完善，是社会主义法制建设的要求，也是教育管理自身的要求。

在法制化建设过程中，不仅高校主体意识觉醒，大学生权利意识也有了很大的提高。他们不再是简单地服从于学校管理，他们的权利诉求不断高涨，他们需要从学校获得更多的自由和保护，而不仅仅是遵循学校的各种规章制度。当某些权利诉求不能获得公正、公平的处理、对待或者学生们认为没有获得应有的对待时，他们开始利用各种方式来维护自己的利益，甚至与母校对簿公堂，高校学生工作管理的权威性受到了前所未有的挑战。

（二）高等教育改革的新趋势

1. 高等教育的大众化进程

1998年以前，我国高等教育在校生总规模为300多万人，实行的是精英教育。从1999年开始，我国高等教育大幅扩招，2018年中国大学生在校人数达到3700万，位居世界第一；全国各类高校达到了2852所，位居世界第二，高等教育驶入了大众化的快车道。

高等教育大众化使得接受高等教育的人数激增，越来越多的学生有机会接受高等教育，满足了其接受高等教育的要求。但是学生人数的激增，导致高校师资紧张、教学设施短缺，后勤服务以及管理工作跟不上，从而诱发学生与教师，学生与学生，学生与后勤管理、教务管理等部门的矛盾。另外，学生人数的激增也增加了高校学生工作管理的难度。从生源质量来看，相比较精英教育阶段，学生整体素质有所下降，个体差异较大，表现出自律性差、学习不主动等特征；从经济状况来看，高等教育大众化阶段，有更多的学生来源于贫困地区、边远地区、西部地区以及少数民族地区，学生之间的贫富差距加大；从家庭组成来看，更多的学生来自核心家庭，几乎都是20世纪80年代以后出生的，是改革开放以后的独生子女一族。由于学生人数的剧增、素质状况的参差不齐，学生的学习、生活、活动方式，学校的教学组织、宿舍管理等都发生了变化，高校学生管理的载体也相应地发生了新变化。

2. 学分制、弹性学制的施行

学分制是高等教育适应市场经济体制、适应社会需要的教学管理模式。学分制基于个体差异，允许学生从自身的基础、能力、兴趣出发，跨专业、跨学科选课，强调学生个性的培养，拓宽了学生学习的时间和空间，增强了学生自主选择的可能，发挥了学生的自主学习能力，凸显了学生的主体地位。这一方面有利于培养学生自我教育的意识和创新能力；另一方面，也符合时代发展对培养新型人才的要求。

学分制取消了传统的班级单位制，以班（年）级为核心、以"校、系、班"为纵向管理框架的学生工作管理模式的成功经验和做法，正在逐渐丧失优势。在学生自主、自由空间增大的情况下，学生工作管理系统如何建立相应的教育、管理、引导机制，既能保证加强学生的管理，又能促进学生个性的发展，成为当前必须解决的问题。

3. 高校后勤社会化改革

高校后勤社会化是高等教育领域的一项重大改革，是高等教育发展的必然要求。后勤社会化提高了学生生活和学习环境的质量，使学生学会面对市场经济进行思考，能近距离地与社会接触，体验到竞争的激烈和残酷。通过勤工助学的和志愿服务等劳动实践，养成勤劳俭朴、吃苦耐劳的品格，培养自我控制、自我管理和自我服务的能力。

但是，高校后勤社会化改革将学校与社会紧密联系起来，引发了一系列的矛盾。由于学校、后勤服务单位及社会有关方面等主体追求目标不同，不可避免地带来价值取向、管理理念的碰撞，从而削弱了学生工作管理的力度。另外，后勤社会化将管理者与被管理者的关系由原来学校与学生的关系，转为经营者与消费者的契约关系，由于没有形成完善的整体调控制度，出现管理上的空白也不足为奇。

（三）大学生成长的新特点

当前，我国高校的大学生大多都是20世纪80年代以后出生的，与20世纪70年代出生的大学生相比具有鲜明的新特点，这给高校学生工作管理带来了新的问题。

1. 全球化意识和接受外来文化意识增强

随着信息全球化趋势的不断加强，大学生的思想也呈国际化发展的趋势。按照国际通用人才标准，大学生应培养自己参与国际经济文化交流、合作和竞争的素质与能力，提高个人对知识经济的认识，注重对外交流和对国外文化的吸收。

2. 思想活跃，求新意识较强

在高科技迅猛发展的今天，青年学生获取信息的重要来源和交流情感的渠道骤然增加，正在极大地改变着他们的生活方式、学习方式、交往方式、娱乐方式甚至语言习惯，对其思想观念的形成产生重要而深刻的影响。

3. 价值观的判断和选择上存在矛盾

在一般情况下，绝大多数学生认同集体主义，反对个人主义；认同奉献精神和社会责任感，认为诚信是一个人最重要的品质之一。但在具体价值选择上，一部分学生更注重自我发展、自我实现，且更多地考虑个人利益和物质追求。

二、加强高校学生工作管理的紧迫性

未来社会的竞争主要是人才的竞争。所谓人才，不仅要具有较高的科学文化素养，而且要有良好的思想政治素质。因此，培养人才是我国社会主义教育发展中必须解决的问题。大学生是国家宝贵的人才资源，是国家的希望，是祖国的未来。要使大学生成为中国特色社会主义事业的合格建设者和可靠接班人，不仅要大力提高大学生的科学文化素质，而且要切实提高大学生的综合素质，尤其是思想政治素质。而思想政治素质的提高主要是通过对大学生的管理来实现的。

大学生群体的独特性要求加强对大学生的管理。从大学生的心理特点分析，大学生具有较强的自我意识和批判性思维，有对尊重和自我实现的强烈需求，他们思维灵活，但心理发展还不成熟，在一些问题上容易产生偏执的思想。大学生对尊重的需要、自我中心倾向、功利主义意识和知识与实践的偏离，再加上他们接触信息的渠道很多，有很强的选择和吸收信息的能力，但没有很强的判断能力。因此，如果大学生的思想、行为没有得到及时的监督和管理，大学生很容易接收不良思想，这将产生严重的后果。

第二章 大学生工作管理理论分析

第一节 大学生工作管理的内涵及特点

一、大学生工作管理的内涵

大学生工作管理是对大学生日常事务的管理，它是指通过对学生的日常行为进行规范、指导和服务，来促进学生的全面发展。学生工作管理有广义和狭义之分，学生工作就是广义的学生工作管理，包括思想教育、日常事务管理、学生工作的考核与评估、学生成长发展指导等内容。本书所讲的学生工作管理指的是狭义的学生工作管理，也就是管理学生，它侧重的是日常管理，包括班级建设、学生奖惩、学生资助、安全教育、宿舍管理、生活服务、就业指导等，涉及学生在校生活、学习的方方面面。

（一）理想信念教育和道德品质规范的养成教育

理想信念是一个人前进的航向，而道德品质则是为人做事的准绳。在大学生工作管理中，管理工作者要重视校园文化建设，为大学生创造高雅的文化氛围。通过校园文化的影响和熏陶帮助大学生营造良好的舆论氛围，通过文化活动的组织和开展提高思想教育的效果。

（二）依法治校，维护学生合法权益

实行依法治校，就是在高校的日常管理工作中，要明确学校和学生的权利及义务，要充分保障学生的合法权益。要依靠法律和学校的各种规章制度，对学生进行奖励、资助、处分等。在处理如学生处分等涉及学生权益问题时，要严格按照正当程序，规范处理过程，使学生的合法权益不受侵害。

（三）学籍管理和学习指导

随着高校教学体制改革的深入和弹性学制、学分制的实施，在学生学籍管理中，高校可以实施跨校、跨专业修读，专修和辅修相结合等有利于学生成长的管理模式。学生工作管理者可以通过学风建设，为学生创造积极向上的学习氛围。学生在进行自主学习的同时，管理者要提供全方位、积极主动的辅导，帮助学生养成自主式的学习习惯和终身学习的思想观念。

（四）就业指导和就业服务

就业指导和服务是学生工作管理的一项重要内容。面对日益严峻的就业形势，高校要设立专门的就业指导部门，由学校主要领导直接负责管理。就业指导部门要做好在校生职业生涯规划指导、就业信息收集、实习基地建设、毕业生就业指导、毕业生职业规划等工作。

（五）勤工俭学和贫困生资助

贫困生资助和勤工俭学也是学生工作管理的一项重要内容。学生工作管理部门要针对学生的实际情况和高校的规章制度，开通助学贷款的"绿色通道"，尽可能多开辟勤工俭学的岗位，认真做好国家奖、助学金和校内贫困生补助的发放工作。同时，针对学生群体中发生的突发事件应建立应急处理机制和临时困难补助制度，对于发生重大家庭变故的学生，要及时给予特殊帮助。

（六）生活服务和心理健康教育

高等教育不仅仅体现在学习方面，还要把服务育人的理念贯彻到日常的学生工作管理中去。学生工作管理部门要和校内其他服务部门互相配合，在为学生提供衣、食、住、行等方面服务的同时，还要重视对学生进行健康生活方式的引导。高校心理咨询中心要通过各种渠道、运用多种形式在全校范围内对学生开展心理健康教育和心理咨询活动，加强对学生的心理疏导。学生工作管理者要建立畅通的信息网络，使思想教育和心理健康教育有效结合，进而提高学生工作管理的水平。

（七）校园秩序与课外活动

学校要为学生提供健康、和谐的学习和生活环境。学生工作管理者要积极引导学生，自觉遵守学校管理制度，提高自身的道德修养，自觉维护校园秩序。同时，学校要积极鼓励学生团体组织开展有益于大学生身心健康的活动，并对活动加以管理和指导，保证学生活动的合法性和科学性。大学生通过参加各种类型的团体活动，可以在人际交往和社会适应能力等方面得到锻炼，这有利于学生的全面发展。

二、大学生工作管理的特点

大学生是思想最为敏锐的群体，有着自身独特的特点。根据大学生的身心特点有针对性地开展工作，是大学生工作管理顺利进行的保证。每个学生的成长和教育环境不同，造成他们价值取向的多元化、思想观念的差异化，具体表现有："理想与现实的差距使其虽有理想信念，但难以抉择；虽有明确的是非观，但自控性和自律性较差；实用主义倾向明显，只关注与自身利益相关的事情；个人主义突出，自我意识较强；要求独立，但依赖性强，渴望尽快走向社会，但又无法实现经济独立；适应新事物的能力较强，但心理承受能力较差。"学生工作管理要适应学生的特点、满足学生的需要，这是学生工作管理取得成效的关键。针对大学生的特点开展工作，能够使学生工作管理更具专业性和操作性，从而促进大学生工作管理目标的实现。大学生工作管理有以下特点。

（一）教育性

培养全面发展的高素质人才为社会主义现代化建设服务是大学生工作管理的主要目标。学生工作管理者要通过对学生的教育和引导，提高大学生的科学文化素质，培养他们良好的品德和修养，引导他们坚持正确的政治方向，帮助他们树立远大的理想信念。总之，通过学生工作管理的教育和引导作用，促进实现高校管理目标。

（二）开放性

高校的学生工作管理具有开放性，日常管理工作可以通过多种途径和方法开展。既可以通过课堂教学教育，又可以通过组织校园文化活动进行日常管理，还可以通过学校教育、社会教育、家庭教育等多种渠道展开。学生工作管理者要善于利用多方资源，懂得统筹和协调，形成促进学生工作管理的合力。

（三）持续性

大学生工作管理系统是一项复杂的工程。每一项具体工作的完成都要以学生工作管理的总体目标为方向，都要体现学生工作管理的效果，都要促进大学生的全面发展。大学生工作管理要建立长效的工作机制，使学校教育、社会教育、家庭教育三者有效结合，通过外在的制度管理和内在的学生自我约束，来提高学生工作管理的效果和系统性。

（四）实践性

高等教育以培养适合社会需要和适应时代发展的高级知识人才为目标，要提高学生解决实际问题的能力。随着社会形势的不断变化和发展，要求学生工作管理模式随之改变。新的管理方法和手段不能只是空谈理论，而应该在实际的工作中得到切实的运用，以达到理论指导实践的目的。只有具有实践性的学生工作管理，才能更好地适应日益变化的社会环境。

第二节　大学生工作管理的目标及原则

一、大学生工作管理的目标

大学生工作管理的目标是要培养适应社会发展需要的高素质人才，以提高大学生的综合素质为主要目的。具体来说，就是要提高大学生的思想政治素质、科学文化素质、身心素质、创新素质等。

（一）科学文化素质

要求大学生拥有全面丰富的知识结构和扎实的理论功底。提高科学文化素质，要求大学生要努力学习科学文化知识，掌握正确的学习方法，养成良好的学习习惯，要学会用理论指导实践，全面提高自身素质。同时，要树立终身学习的观念，在实践中寻找不足，以学习来弥补不足。

（二）身心素质

要求大学生要拥有强健的身体和健康的心理。通过积极参加体育锻炼、文体活动，强健体魄，提高身体素质；通过自我管理、自我控制和自我调节健全人格；通过积极参加社会实践，养成良好的个性和环境适应能力，并且使大学生拥有健康的身心素质，更好地为社会服务。

（三）创新素质

要求大学生要有科学的思维方式和把理论运用于实践的能力。大学生要通过学习积累理论知识，运用科学的思维，辩证地、全面地分析和辨别事物；要有较强的创新和实践能力，面对不断变化的环境要勇于创新，不断地进行自我突破，在提高大学生创新能力的同时，拓展自身的综合素质。

二、大学生工作管理的原则

为提高学生工作管理水平，实现有效管理，学生工作管理者在日常管理中应该遵循以下原则。

（一）实际性原则

要求大学生工作管理要一切从实际出发，既要考虑学校的实际情况，又要考虑学生的实际情况。通过了解学校与学生的实际，建立健全组织机构，明确各组织机构职能，确定学生管理目标，同时要研究适合高校自身的学生管理模式。从实际出发进行学生管理，有利于有针对性地开展学生工作。

（二）制度化原则

要求学生工作管理者要根据国家法律规定，结合高校自身实际，制定各种规章制度进行学生管理。制度化是进行规范管理和提高管理效率的必然要求。只有通过制度化管理，大学生工作管理才有章可循，才能不断地推进学生工作管理的科学性、有效性。

（三）服务性原则

大学生工作管理要坚持服务育人的理念，以服务学生为出发点和落脚点。在对学生的日常管理中坚持服务性原则，就要从学生的根本利益和切身需要出发，把学生看作学生工作管理的主体，一切为了学生。因此，在实际工作中应坚持服务性原则，通过服务达到管理的目的。

第三节　大学生工作管理取得的成绩

高等学校的根本任务是培养德、智、体、美、劳各方面全面发展的社会主义事业的建设者和接班人。学生工作管理是高校工作的重要组成部分，它对于培育适应21世纪经济社会发展需要的"四有"大学生至关重要。几十年来，各高等学校对学生工作管理都十分重视，投入了大量的人力、物力和财力；学校的学生工作管理者认真贯彻党的教育方针，围绕学校培养目标，大胆实践，努力探索，形成了一套行之有效的工作途径和方法。他们热爱学生、关心学生，爱岗敬业，为培养学生付出了巨大的劳动和心血，为我国的社会主义建设培养了大批合格的专门人才。特别是近年来，大学生工作管理队伍在学生工作管理的科学化、规范化上进行了有益的研究与探讨，取得了一定的成绩，归结起来主要有以下几点。

一、积极开展丰富多彩的活动，全面提高大学生素质

（一）积极组织社会实践，锻炼学生的社会适应能力

利用寒暑假开展社会实践是大学生工作管理的常规内容。大学生利用寒暑假进行社会实践的形式是多种多样的，有环保调查、行业实践、公益实践、母校回访、勤工助学等。社会实践活动没有固定的模式，也没有固定的场地和对象，一般是在一个比较开放的环境下，面对着不断变化的情境，学生独立面对和解决各种问题。社会实践能充分调动学生的积极性，引导学生在实践中勇于开拓、敢于创新。

此外，大学生通过实践走向社会，亲身体验生活，看到城乡差别，感受贫富差距，在与人民群众的接触、了解、交流中受到真切的感染，从活生生的典型事例中受到深刻的教育和启发，这能使他们的思想得到升华，他们的社会责任感和使命感得到加强。同时，也能使学生看到自身知识和能力上存在的不足，比较客观地去重新认识、评价自我，逐渐摆正个人与社会的位置，进而潜心思考自身的发展问题，不断地提高自身素质和能力，以适应社会发展的需要。

总之，社会实践可以训练学生独立生活和适应环境的能力；提高知识的实际应用能力和自身的组织管理能力；巩固和发展专业技能；了解国情民情，增强社会责任感；强化学生的社会服务精神，塑造他们吃苦耐劳的品德。大学生在积极参与这种实践活动的过程中，会逐渐养成坚韧、顽强的优良品性，养成务实的学习态度和生活作风，不断提高自己，完善自己。

（二）组社团活动，为大学生搭建开发潜能、展现自我的重要平台

社团活动是大学生校园文化活动的重要组成部分，是对大学德育的有效补充，也是大学生素质教育的重要载体，是高等院校中一道亮丽的风景线。大学生社团是大学生立足校园，基于共同兴趣和爱好，依照法律，按照一定的章程，自愿结成的具有固定成员和特定活动内容的组织，大致可分为学术科技、文体娱乐、志愿服务、创业或综合五种类型。社团活动形式新颖、丰富多彩，在培养学生的想象力、创造力、批判能力和协作精神，充分调动社团协会的主体性与参与性等方面，起着桥梁和纽带的作用。它不仅丰富了大学生活，而且为大学生身心健康发展提供了课堂以外的学习机会，让他们在活动中锻炼自己的能力、发挥自己的特长、展现自己的才干，这无疑是大学生开发潜能、展示自我的舞台。

（三）丰富校园文化，提高学生的人文艺术修养

文化素质是素质中的一个重要内容，它是指具有一定的文学修养、理论修养、音乐修养、艺术修养等。学生工作管理的重要内容之一就是校园文化建设。所谓校园文化具体表现在各种活动的组织与开展中，如元旦联欢会、歌手大赛、合唱比赛、社团嘉年华、科技文化节、校园辩论赛、纳雅大讲堂、假面舞会等。青年人思想活跃，吸收力强，可塑性大，比较容易接纳新生事物、观念、行为及生活方式，通过群体文化的规约和引导，形成良好的校园文化大气候，对学生素质的提高大有裨益。通过丰富多彩、形式多样的文化艺术活动，引进高雅艺术如音乐会、芭蕾舞、话剧等，使学生的艺术修养和审美素质得以有效提高。

（四）组织课外学术科技活动，锻炼学生的创新能力

大学生课外学术科技活动包含三个方面的内容：一是学术科技的学习，二是学术科技的创新，三是学术科技的应用。这是伴随着"科学技术是第一生产力"的论断逐步为社会接受并确立其在经济社会发展中的主导地位，从而一步一步发展起来的。大学生工作管理部门应高度重视，不断健全组织机构，形成有效管理的模式；建立评比表彰制度，营造学术气氛，并采取积极措施使这一活动不断发展和深化。

课外科技创新活动，激发了学生的学习积极性和创造能力，使学生从校园走向社会，从单纯受教育和知识传承的身份，逐渐成长为社会财富的创造者，打破课外与课内的界限，最终使学生树立终身学习的观念。

第四节　大学生工作管理面临的问题及其成因

一、大学生工作管理面临的问题

高校是培养人才的重要场所，高校的学生工作管理直接影响着人才的培养质量，影响着高校和社会的稳定。因此，各高校都十分重视学生工作管理，结合新形势对学生工作管理进行了积极的、有益的研究和实践探索，取得了一定的成效，但目前仍面临很多挑战，存在一定的问题。

（一）社会主义市场经济的深入发展使学生工作管理面临严峻的挑战

随着我国改革开放的不断深入，人民生活水平进一步提高，广大人民群众对接受高等教育的需求愈加迫切。为了适应改革开放的形势、满

足各行各业对人才的需求，党中央、国务院及时做出了高校扩招的决策，高校招生人数连年增加，在校生人数持续增长。高校扩招、学生人数急剧增加，高校逐步实现了由精英化教育向大众化教育的过渡，但导致部分生源质量下降是一个不争的事实；交费上学，导致经济困难学生增多；高考取消年龄限制、学分制和弹性学制的实施、后勤社会化改革都给学生工作管理带来了相当大的挑战。加上很多高校对形势估计不足，也出现了很多问题，例如学生宿舍建设滞后，不得不推迟开学时间；食堂容量小，学生就餐拥挤；教室数量少，仅能满足学生上课之用，学生自修教室紧缺，导致学生宿舍成为学生的主要自修场所；文化体育场馆建设滞后，学生课外活动较少，学生的体育文化生活相对单调。此外，随着市场经济的发展，大学生的思想观念、价值取向发生了巨大的变化，大学生思想活动的独立性、差异性日益增强，原有的单一学生工作管理模式已无法达到预期的效果，学生工作管理面临着严峻的挑战。

（二）传统管理模式的弊端使大学生工作管理面临新的问题

传统的学生管理模式固然有其历史必然性以及成功的做法和经验，但在新的情况下存在着难以克服的弊端。从现状上看，有些高校的学生工作管理仍然停留在处理事务的阶段，常常重管理、轻服务，认为学生工作管理者在管理过程中起主导作用，学生只是起辅助作用；学生只是被管理者，在管理过程中，学生要服从学生工作管理者的管理、听从学生工作管理者的安排；停留于管好学生、管住学生的阶段；以满足学校的现实需要即学校的稳定和发展为重点，而不是以满足学生的发展需要为重点来开展工作。另外，有一些学生工作管理者认为学生性本恶，故往往喜欢采取"管、控、压"的方法来压制学生;也有些学生工作管理者认为学生本身是一张白纸,可以对其随意"刻画",于是随意向学生发号施令,以显示权威。殊不知,这更加激发了大学生的逆反情绪,严重影响管理的效果。总的来看,学生工作管理者采用行政化的教育管理方式,对学生训导多,平等交流解决问题的机会少;充当长者、管理者的色彩浓,担当朋友、服务者的色彩淡;空洞的说教多,能真正满足大学生情感、生活等需求的心理沟通等有效的工作少;消极被动解决问题的多,积极主动为学生综合素质的提高和发展创造广阔空间的工作少。面对新时代、新形势的需要,学生工作管理者应该转变思想、更新观念,树立以人为本、以学生全面发展为中心的理念,为学生的发展创造一个广阔的平台和空间。

(三)网络普及的负面影响对学生工作管理模式带来冲击

信息化技术的发展和普及给传统学生工作管理带来新的问题。信息化的迅速发展,使互联网对学生的学习、生活乃至思想观念产生着广泛而深刻的影响。网络正极大地改变着学生的生活方式、学习方式甚至是语言习惯。对学生工作管理而言,网络是一把双刃剑。一方面,网络为大学生工作管理提供了新的阵地和领域。另一方面,网络也给传统学生工作管理带来了极大的冲击。首先,网络信息的快捷性、丰富性和开放性特点,使得学生从学校获取知识的权威性受到怀疑。在网络普及的社会条件下,大学生能够借助网络比以往任何时候都更快捷地获取信息,而思想政治工作部门和有关干部、教师在获取信息的渠道、时间、数量等方面已不占明显优势。数量巨大的网络信息,"淹没"了德育教育信息,尤其是不健康信息的冲击，使学校所要传达给学生的信息很难在学生头脑中沉淀，严重影响了教育工作。其次，网络的虚拟性、隐蔽性使得网络成为有害信息的滋生地和传播地。一部分人利用信息技术参与社会政治，一些虚假、不健康甚至反动的信息污染了学生思想教育的环境，学生难以判别和抵御，有的上当受骗，还有的沉溺于网络虚拟世界不能自拔。

（四）学分制和弹性学制的实施使学生工作管理面临新的变革

目前，全国各高校普遍实施了学分制。在学分制下，学生工作管理打破了学年制整齐划一的教学管理模式，学生专业班级观念淡化，形成了以课程为纽带的、多变的听课群；不同专业甚至不同学校的学生在一起学习，学生工作管理不仅局限于本专业学生，而且还要管理选修课程形成的其他专业或其他学校的学生。同时，学生工作管理除了对学生进行教学和生活管理外，还需指导学生选课，帮助学生构造合理的学科知识结构，并要求学生在教师的指导下，由定向学习变为自主学习，学生工作管理由学年制下的指令性管理变为指导性管理。在这种现实情况下，学生工作管理必须寻找和构建新的"平台"。

（五）学生工作管理队伍储备不足和不稳定制约着学生工作管理的成效

目前，大学生工作管理面临的一个重大难题就是人员空缺和人员素质不高。辅导员分布也极不平衡，有的学校一名辅导员要负责600名或者更多学生。辅导员任务加重，无法在时间上和精力上对学生开展过细的教育工作，无法及时对他们进行心理疏导。再加上，高校中从事学生工作管理的人员主要来源于本校留校的本科生或研究生，他们中很少有人专门学习过管理学或心理学的知识，同时又缺乏进修以提高自身专业水平的机会。有很多高校的辅导员都比较年轻，看似容易与学生沟通却管理经验不足。这些问题的存在致使大学生工作管理力度不足，管理效率低下。大学生工作管理内容庞杂，事务琐细，全校凡涉及学生的各个部门的工作，最后的落脚点都在辅导员身上，"千条线一根针"。再加上现行工作体系的约束，学生工作管理者不可避免地陷于每日的事务中，疲于应付。这就使学生工作管理表面化、肤浅化，流于形式，难以对学生日常行为、生活、学习等方面进行高效、规范、科学的管理，严重影响着学生综合素质的提高。

（六）高校新区建设和高校后勤社会化给学生工作管理带来新的问题

高校后勤社会化，实际上是建立一种教育成本分担机制。目前，我国大多数高校实现了高校后勤社会化。高校按市场经济规律运作，开放学校市场，允许社会上的人员、资金、技术、设备开发校内市场。这些经营者进入高校市场的主要目的是盈利，而学生在缴纳各种费用的同时也树立了投资意识，对学校教学、生活条件有了更多、更高的要求，这就容易产生矛盾。随着高校招生规模的扩大，许多高校原有的校园难以满足学生的学习、生活要求，各高校纷纷在原有校园外建设新校区，这造成同一专业的学生或者同一院系的学生分开接受教育，严重冲击了以前按院系管理的模式。在这种新的形势下，探索新的学生工作管理模式将是学生工作管理面临的新课题。

二、新形势下大学生工作管理问题产生的原因分析

（一）环境因素：社会转型加快与教育发展滞后

当前，我国社会正处于转型期。我国的社会转型是在中国的传统文化、社会主义制度文化和西方文化所构成的复杂的文化背景中展开的，其实质就是由传统农业社会向现代工业社会、传统封闭社会向现代开放社会、高度集中的计划经济体制向以竞争和利益导向为主要特征的社会主义市场经济体制的转变，其中必然充斥着东西文化的交融与碰撞。而且这一过程必然带来社会体制及其运行机制的变化。马克思主义认为，物质生产活动是人类最基本的实践活动，它是一切其他社会活动的基础和决定性因素，教育活动也概莫能外。教育不可能脱离社会物质生产的需要而发展。社会发展丰富了教育资源，改善了教育条件，提高了教育水平，顺应了时代发展的需要，高等教育进入由精英教育向大众教育转变的阶段。一方面，急速扩招在满足大众接受高等教育需要的同时，加重了高校自身的负担，造成师资的严重紧缺；另一方面，教育的时滞效应决定了教育改革从开始实施到完成是一个渐进的过程，人的成长成才亦需要一定的时间。因此，不可避免地会出现社会物质生产的急剧变化与教育变革滞后之间的矛盾。

改革开放的深入发展和社会主义市场经济建设的全面展开，将中国带入了一个以现代化为根本特征的全面深刻的社会变革时期。现代化的实践要求现代化的价值观念和伦理精神的支撑，需要与之相适应的大学生工作管理理念与操作体系。但是就方法而言，大学生工作管理多坚持灌输的方法，以说教为主，忽视了社会转型所带来的教育环境、教育对象

发生的巨大变化，这种机械呆板的方法抹杀了鲜明个性的思想。就目标而言，基于单一的、封闭的社会结构，在特定的教育教学环境中，着力塑造符合某种特定目标的学校角色，这种学校角色往往与社会转型期所要求的人才特质相脱节。从本质上说，在现代社会开放和价值多元的背景下，大学生工作管理因为忽视了学生的主体性本质及其自主性和创造性，而在解释现实问题、解决矛盾冲突方面趋于苍白，不能发挥其应有的塑造学生人格、传承时代精神的历史使命，进而引发大学生工作管理中的骨牌效应。

（二）理念因素：科学主义的僭越与人文关怀的弱化

近代以来，在科技和教育的影响下，人类驾驭物质世界的知识和能力有了长足发展，科学的发展彰显了理性的威力，将人的精神也视为与物质无异的实在。在科学技术的激发下产生的各种哲学往往把人类以外的一切事物看成仅仅是有待加工的原材料，并在处理人与自然关系的过程中演绎为人类为控制自然而产生的一种工具理性，技术统治取代了一切，单纯重视机械化、技术化，试图借助对理性（逻辑）和技术的把握，通过一系列常规化、程序化的操作完成大学生工作管理的全过程。

科学主义的盛行催生了教育观上的工具主义，着力于教会人们何以为生的知识和本领，其"最基本的缺失就在于它放弃了'为何而生'的教育，不能让人们从人生的意义、生存的价值等根本问题上去认识和改变自己；也必然地要抛弃人自由心灵的神圣尺度，把一切教育的无限目的都化解为谋取生存适应的有限目的，缺少以人为出发点的教育理念；人自身也成为由工具理性所任意摆布和支配的工具，人为物所役成为一种理性程序化的存在物和机器,而失去各种精神的追求",丧失了否定性、批判性、超越性而成为单向度的人。可见,科学主义"可能以一种异化形态统治人、控制人,把人置于纯粹工具的地位,退化到物的境地,从而控制人,丧失其应然性"。用科学的物质性、实在性来说明人的丰富性是不恰当的,"形不成人与世界相互作用造成的复杂的'属人世界'的现实观念,因其简单化而无法揭示现实世界中的复杂现象"。从而造成人文关怀的旁落,而这恰恰是大学生工作管理的核心和关键。

(三) 人的因素:学生思想多元化与不稳定性

随着改革开放的深入,特别是高新技术的迅猛发展,信息手段不断更新,信息传输速度日益快捷,学生对各种思想、文化的接收有了更快捷的方法,各种思想和价值观念随之汹涌而来,这势必对大学生产生巨大的影响。主要表现为学生思想逐步由单一趋于丰富,封闭僵化转向开放活跃,呈现多元化的发展趋势。

新一代大学生是在改革开放的环境中逐步成长起来的。他们是最积极、最活跃、最有生气的群体,其思想品德的形成、发展具有强烈的时代特征:主体意识不断增强,自主意识不断强化;思想活跃,具有强烈的进取心和好奇心,易于接受新鲜事物,能够通过各种方式和途径获取知识和信息,文化反哺生动说明了他们在获取信息方面的超前性;思维敏捷,具有极强的灵活性、批评性和独立性。特别是伴随网络技术的发展,处于数字化生存状态的大学生们有了更多自主选择的权利和空间,这为他们了解各种基于不同文化背景的多元价值观提供了平台,加剧了多元价值体系的相互碰撞。

但是这个年龄阶段的大学生，心理机能和道德判断能力均处于相对较低的水平，且缺乏社会经验，心理状态尚不稳固，情绪易于起伏，具有较大的随意性和可变性，使得他们面对多元价值无法自如地评价和选择。事实上，面对价值观念的多元化，他们时而表现出"自主与依赖的矛盾、自信与自卑的矛盾、感情与理智的矛盾、要求与满足的矛盾、冲动与压抑的矛盾，等等"，从而产生价值评价及选择的迷茫和困顿，在思维方式和行为方式上出现偏颇，加大了大学生工作管理的难度。

第五节　完善我国大学生工作管理模式对策研究

一、以"柔性管理"思想为指导，更新管理理念

我们已经知道，在学生工作管理中"以人为本"是柔性管理的核心，同时也是柔性管理的价值取向，更是柔性管理的核心指导原则。高校的学生工作管理特别是院系的学生工作管理的出发点和落脚点应该是学生的成长成才，以培养德、智、体、美、劳全面发展的学生为最终目的，使得学生能够成为社会主义的建设者和接班人，这才是大学生工作管理的根本任务。

（一）确立以学生为本的管理理念

要在实际工作中树立起以学生为本的学生工作管理理念，就要通过相应的规则确定学生在高校的学生工作管理中的主体地位，充分突出学生的主体性。这也就是说，在学生工作管理过程中，学生工作管理人员要时刻以学生为中心，发掘学生的潜能，发挥学生参与管理的积极性，引

导学生维护自身的合法权益；关心学生发展，帮助解决他们在日常学习和生活中出现的各类问题，真心诚意地为学生服务。

以人为本、服务学生的理念要求高校院系在实施具体的学生工作管理中，要考虑到学生的主体性和个性发展，减少一些强制性的单一性的内容。基层管理人员在具体工作中要做到：尊重学生的个性诉求（基础），关注学生的身心健康（关键），服务学生的各类需求（方式），发展学生的综合素质（目的）。尊重学生就是尊重学生的个性诉求，尊重学生在高校中的主体地位。高校成立的基础是学生，所以在具体工作中，要尊重学生的主体地位，尤其对特殊学生更要加倍重视。关心学生就是关心学生的学习和生活，及时掌握学生在学校的学习和生活的具体情况，帮助学生解决问题，让他们感受到学校的关爱。服务学生就是以学生需求为导向，努力培养适合学生发展的软硬件环境，促使学生进行良好的自我管理，促进学生形成正确的人生观和世界观。发展学生是以学生为本的目的，也是尊重学生、关心学生、服务学生的归宿，最终都是为了学生的全面、协调发展。

（二）坚持民主管理

民主管理是相对于"一言堂"的管理而言的。民主管理对于现代管理、对于我国高校院系学生工作管理既是手段又是目标。一方面，它是院系学生工作管理有效性的重要保证。通过学生广泛参与，可以树立主人翁意识，牢固学校的凝聚力和向心力。另一方面，它能培养学生的民主意识，增强学生参加学校管理的积极性。

民主管理内涵非常丰富，它是现代管理的重要内容之一。根据当前我国高校的实际情况，在高校院系学生工作管理中，民主管理的理念应着重体现在两方面。第一，以人为本，认同学生的主体地位；第二，讲求宽容，为学生发展提供宽松的环境。

1. 以人为本，认同学生的主体地位

实施对人的管理是学生工作管理的本质，因此，在学生工作管理中，必须始终贯彻以人为本的核心思想。学生是高校管理的对象，也是高校管理的主体。因此，"为了一切学生，一切为了学生，为了学生的一切"的思想，应该成为大学生工作管理的基本理念。这也是柔性管理理论中一个重要的概念。这就要求学校涉及学生的各个部门都要树立起以学生为本的核心思想，实行民主管理的方式。基层学生工作管理者对学生的个性发展要正确认识和充分尊重，对学生的意见和要求要广泛听取，将学校和学生的发展融为一体。在各项规章制度的制定过程中，要调动学生参与的积极性，同时增加透明度；对学校院系各项工作中存在的问题，要鼓励学生主动积极参与管理，听取来自学生的意见，以此来充分有效地调动学生"自我教育、自我管理、自我服务、自我激励"的积极性。

2. 讲求宽容，为学生发展提供宽松的环境

宽容就是要求学生工作管理人员尽量理解或亲身参与到学生的各种创造性活动中去，鼓励学生在校园文化活动中百家争鸣、百花齐放，不要用简单划一的制度和方式去规定学生，减少对学生的强制要求和无谓监督。既然有创新，也就意味着有风险，宽容就是要求学生工作管理者特别是院系学生工作管理者要有勇气去替学生承担风险和压力，力所能及地为创新性学生提供帮助和支持。当前大学生体现出个性多元化、发展

差异化的特点，院系学生工作管理人员不仅要考查学生学业知识，还要考查学生的道德、创新以及实践能力等方面，以促进学生的个性化发展。

（三）强调管理服务意识、实现个性化管理

市场经济的建立和高等教育大众化的发展，使高等教育成为一种消费，大学生就是特殊的教育消费者。"教育是一种具有服务性质的实践活动，教育服务就是教育活动的产品，或者说是一种服务形态的产品，教育产品是教育服务。"市场经济条件下，服务的提供方是高校，学生作为消费者，那么在市场上、在学生付出学费的前提下，学生有权利要求高质量的教育服务、享受优质的教育资源，而高校也必须提供相应的教育服务。因此，大学生工作管理理念必须要进行转变，而院系作为与学生接触最密切的基层组织，其本质就是要坚持以服务学生为学生工作管理理念，这就要求学生工作组织以及学生工作管理者要根据市场经济发展的各项要求为学生提供服务，要一改以往行政化、官僚化的学生工作管理作风，实现学生工作管理向规范化、制度化、科学化的方向转变。

理念为行动指明了方向。院系学生工作管理者要学会转变角色思考问题，要多从学生的角度出发，思考学生面临什么问题，应该如何处理。要搞清学生当前的思想动态，把解决学生的问题作为学生工作管理的出发点和归宿；同时，发挥学生的主动性，使得学生参与到学生工作管理当中来，让学生提出积极的意见，这也是培养他们发现问题、分析问题、解决问题能力的一大重要举措。

二、坚持以学生为本，改革和完善院系管理体制

（一）建立院系党政共同负责学生工作管理领导机制

基层院系学生工作管理的有效开展离不开院系领导班子的大力支持。院系学生工作管理体系建设首先要安排院系班子即专门领导全面负责学生工作管理，同时院系党政领导也要亲自抓。建立党政领导共同负责学生工作管理的领导机制，可以全面整合院系各部门的力量，使得院系教务、行政等各部门分工协调，促进基层院系学生工作管理有序开展。在院系党政领导的共同负责下，学生工作管理既不是单纯的思想教育工作，也不是单纯的行政管理工作，而应该既是思想教育工作，又是行政管理工作。为了确保党政共同负责落到实处，可以在院系党政联席会议上单列一项学生工作管理，用以保障学生工作管理顺利、高效开展。

需要说明的是，各项工作的开展要学校学工处发挥指导功能。同时，学校有必要赋予院系学生工作管理部门一定的行政权力和主动权，否则，仅作为与院系同等的职能部门，其各项工作极有可能得不到有效开展，导致院系学生工作管理部门的职能与目标存在距离，从而达不到预期的管理目标。

（二）以学生的发展和需要为依据进行组织机构和职能设置

院系基层学生工作管理必须建立在配备完善、工作得力的学生工作管理机构的基础上。长期以来，院系的学生工作管理机构虽然采取了不同的设置形式，但是无论采取哪种设置形式都必须满足学生受教育的需要，满足一定的设立条件。比如，是否适合学生全面发展，是否能使学生工作管理人员顺利开展工作，是否能够使得院系学生工作管理部门达到预

期的目的。

要加强院系一级的领导和管理。在机构上，成立院系学生工作管理办公室，与学校学生工作管理处相对应，院系党政负责人共同对本院系的学生工作管理负责，院系学生工作管理办公室的常务负责人是院系党委（党总支）副书记。成员包括院系学生工作管理办公室主任、团委书记、年级辅导员等，需注意的是，院系一级的本科生学生工作管理由党委（党总支）副书记负责，而一些高校的研究生学生工作管理由党委（党总支）书记负责，那么在管理中应当由院党委（党总支）书记对全院研究生、本科生的学生工作管理负责，在具体工作中一定要统筹兼顾、理顺研究生和本科生的管理机制。

目前，由于大学生数量不断增多，事务量也在增大。虽然近年来学生工作管理组织进一步扩大，学生工作管理人员数量进一步增多，但是院系学生工作管理人员既要应付日常学生工作管理，也要随时处理突发事件，往往有些力不从心。为此，院系学生工作管理部门应当以管理职能化、规范化为目标进行部门设置，细化管理职能，以更好地满足学生的需要。具体来说，院系层面要成立或者设立以下几个与学生利益相关的办公机构。

1. 成立院系资助工作办公室

在院系层面上成立院系资助工作办公室，专门负责管理院系学生的各种经济资助事务。具体职能：做好与学校的资助管理办公室的任务衔接，同时，根据本学院的专业特点与有意向资助单位进行联络，负责资助信息的收集和发布。同时，要做好学校奖学金、助学金的发放工作，适时提供一些勤工助学岗位信息，等等。院系资助工作办公室一是深入学生中摸查情况，全面了解学生经济状况，做好贫困生建档工作；二是努力构建和完善以"奖、贷、勤、助、补"为主体的资助体系；三是对贫困学生开展励志教育，引导贫困学生自强不息；四是大力开展诚信教育、感恩教育，引导贫困学生以实际行动回报社会。

2. 建立院系心理健康辅导室

当前由于经济社会的快速发展，学生心理健康问题呈现出独特性和复杂性的特点，从学生工作管理的本质出发以及服务学生的需要，当代大学生需要专门化的心理辅导。院系直接接触学生，需要成立针对各院系特点的专门的健康和发展咨询部门，配备既了解心理辅导知识也了解本院系特点的专门人员。院系层面上的心理辅导室，可以借助学校心理辅导中心的力量，为每个本院系的学生建立心理健康档案，使得院系心理辅导工作成为学校心理辅导的有效补充，同时，也能在第一时间为院系学生提供心理帮助。

目前，我国很多高校都对辅导员提出考取心理咨询师职业资格证书的要求，很多辅导员也顺利通过考试，获得了心理咨询师职业资格证书。所以，院系学生工作管理系统已经具备建立心理健康辅导室的师资条件。院系在辅导学生心理健康时要注意：一是制定学生心理危机干预预案，完善学生心理健康档案；二是举办心理健康活动，普及心理健康知识；三是做好心理辅导和咨询工作；四是认真进行学生心理状况摸排工作，妥善处理好有心理问题倾向的学生的心理干预工作。

（三）加强院系学生工作管理队伍专业建设

优秀的学生工作管理队伍是基层院系学生工作管理开展的组织保障。一支高水平的学生工作管理队伍，是基层院系学生工作管理开展的有效保证。我国高校基层学生工作管理者称为辅导员，要打造一支优秀的辅导员队伍就要注意以下几个方面。首先，要建立辅导员的聘用选拔体系。以"专业化、科学化"为原则，在选拔过程中不仅要考核辅导员的专业知识还要考察辅导员的作风、纪律、观念，要高标准、严要求。其次，要建立辅导员培训发展机制。结合大学生工作的特点，制订辅导员培养计划，可根据实际制定出固定培养机制、临时培养机制。再者，要建立辅导员队伍的绩效考核和监督评价机制。实行量化考核，对辅导员的工作进行动态管理，要增加考核工作的透明度和实效性。最后，要建立辅导员激励和淘汰机制。要重视辅导员的个人发展，在辅导员的评先评优、职务晋升上要建立起完善的机制；对于考核中表现不及格或者在任期内发生重大事故的辅导员要进行批评和教育，严重者要从辅导员队伍中除名。

院系学生工作管理办公室要注重专、兼职辅导员的学习培养和教育管理，专、兼职一视同仁，责权利清晰，形成一支团结上进、富有朝气和战斗力的辅导员团队。通过辅导员培训、交流和考核等多种形式，着重提升辅导员的以下五种能力。

1. 服务大局，提升凝聚力

学生工作管理队伍要紧紧围绕学校奋斗目标、紧扣学校发展定位、紧跟学校发展步伐，做到盯得住目标不偏离、耐得住寂寞不放弃。全体辅导员和学生工作管理者要互帮互助，团结协作，共同进步。

2. 加强修养，提升道德力

要求辅导员示范德行，带头遵守校纪校规。在工作中做到平等对待学生，牢固树立以学生为本的理念，尊重学生创新性，关心学生疾苦，了解学生的难处，始终不忘责任，不辱教师的神圣使命。

3. 持之以恒，提升学习力

首先，院系要为辅导员提供学习的平台，为辅导员"充电"提供良好的环境。其次，要培养辅导员独立思考的能力。因为当前我国高校从事专职辅导员工作的人员大多数是刚刚参加工作的研究生或者本科毕业生，社会阅历不足，缺乏处理问题的经验。最后，辅导员要坚持理论与实践相结合的原则，努力把理论知识转化为谋划学生工作管理的思路、解决学生问题的办法和推动学生工作管理的本领。

4. 与时俱进，提升创新力

院系还在一定程度上要求全体辅导员努力探索学生工作管理新途径，解决学生工作管理中出现的新问题。

5. 爱岗敬业，提升执行力

要求每一名辅导员勤恳踏实、爱岗敬业，做到坚持政策不走样，灵活把握不教条。同时，认真负责，经常深入班级寝室，了解学生情况，解决学生矛盾，疏导学生情绪，坚持处理矛盾讲究策略、解决问题注意方法。

三、完善院系学生工作管理的内容架构

（一）构建以学生安全管理为基础，促进学生全方位发展的保障平台

高校基层院系学生工作管理最基本的职责是保障学生生命、健康和财

产安全。院系必须采取有效措施构建一个安全、稳固的平台，为学生创造安全的学习、生活环境，以保护学生的生命、健康和财产安全。

1. 要牢固树立安全第一的思想

利用网络、板报、展板、开主题班会等形式，经常性地开展安全法制教育，使安全防范意识更加深入人心。比如，加强学生的安全意识，特别是防盗、防骗意识。

2. 加强对特殊学生的管理，特别是加强毕业班学生、有心理隐患学生、在外实习学生等重点群体的管理

院系学生工作管理者要时刻掌握特殊学生的情况和思想，一旦发现问题，要及时进行干预，必要时上报学校学生工作管理部门，寻求更高层面上的帮助。同时，还要关注产生问题的原因，以从根源上解决问题。如针对孤儿、单亲家庭学生，院系可以多组织些座谈会，让孤儿、单亲家庭学生互相了解，增强生活信心；针对家庭困难学生，院系可以提供一些勤工助学岗位或者发放困难补助，帮助其解决经济问题；对于有学习方面困难的学生，学院安排教师或者学习成绩较好的同学展开帮扶；对于确诊有心理疾病的学生，学院在保密的前提下，邀请心理健康教育中心的教师，为其做好心理疏导工作，避免问题的进一步恶化。

3. 完善突发事件应急预案和学校公寓管理办法，成立学生公寓管理委员会、文明纠察队等

要经常性地进行突发事件的演习，使得学生工作管理者在演习中不断丰富经验，当危机来临时，可以以良好的心态和恰当的方法来应对。建

立完善的危机预警机制。一个完善的危机预警机制，是院系面对危机的最主要的手段之一，对于解决危机起到不可估量的作用。

（二）构建指导学生成长成才，促进学生全面发展的服务平台

当代大学生应当具备的各项能力，概括而言可以归纳为思想领域和实践领域两方面。其中实践领域包含专业技能、人际交往能力、应变及抗压能力等。

基层院系学生工作管理的主要内容是全方位的学生发展指导。学生的全方位发展是院系学生工作管理内容的本质所在，以学生全方位发展为依据，建立起培养学生综合技能的帮扶指导平台。第一，构架学生的专业规划。当前很多院系的学生在校学习了一年还不知道本专业到底是什么。针对这一问题，笔者认为有必要让学生从入校开始就懂得专业概念，并深刻地了解本专业的学习特点、学习方法和就业趋势。第二，指导并培养学生适应社会的各项能力。院系必须充分了解当前的社会发展现状，结合当代学生的各类特点，有针对性地组织开展相应的活动，制订行动方案，且贯穿于大学生活的始终。

第三章　大学生管理模式创新

第一节　融入开放性的思想

我国现阶段的高等教育已经从原来的精英教育迅速转化为大众化教育，受教育者的求学情况、知识基础与以往相比发生了很大的改变。政治辅导员和班主任要指导学生正确面对竞争、面对择业、面对压力，引导学生规划人生，培养学生有宽广的胸怀和健全的人格，努力把德育渗透到学生成才、就业的全过程，要主动管理育人，提高工作效率和工作水平，创造更好的育人环境和氛围。

一、建立优秀的管理团队和制度

如何适应时代的要求，培养社会需要的人才，是从事学生管理工作者的永恒话题，同时对学生管理领导干部也提出了更高要求，必须加强队伍建设。学校高层领导应加强对学生管理工作的重要性的认识，挑选一批思想素质高、工作能力强、具有一定学生管理工作经验的工作人员担任学校学生管理领导工作；经常性地组织并开展对各分校、教学点学生管理领导干部的专业培训，邀请较高水平的专家讲座，全面提升学生管理干部的素质；通过各种方式组织开展校与校之间学生管理工作的交流，请学生管理工作突出的管理人士讲解、传授管理经验，并通过讨论交流，达到共同提高，共同进步；以校本部为载体开辟全校性学生管理工作专项窗口，广泛讨论发表管理体会，创建全校性学生管理专刊，组织系统内投稿，把学生管理工作真正落到实处。

学校应建立导学教师引进、培训、考核、交流的整套制度。完善引进程序，严把入口关，力争把有能力、责任心强的导学教师引进来。建立严格的导学教师培训、考核制度。导学教师应对以现代计算机网络为主的多媒体现代远程教育技术有较深的掌握，能熟练运用计算机网络等媒体技术获取教学资源，并能配合辅导教师进行教学资源的整合，组织和指导学员开展网上答疑、BBS讨论、双向视频等网上教学活动，利用QQ群、微信、E-mail等与学员进行日常沟通。完善导学教师的流动计划，打破以往导学教师队伍建设的封闭体系，激活用人机制，拓宽导学教师出口，加强导学教师的交流和提拔，解决导学教师的后顾之忧。

解决导学教师流动性较强、流失率较高的问题，必须加强导学教师的专业化建设，其中最主要的就是更新观念，尤其是更新领导的观念，全面提高导学教师的综合素质。导学教师在工作了一段时间以后就会积累一定的工作经验，也会认识到自身不足。如果学校能制定一套完整的培训机制，给他们更多的培训学习的机，不管是对学校还是对导学教师本人来说都是双赢的。另外，还可以加强导学教师之间的沟通与交流，使导学教师的业务能力不断提高，确保导学教师在工作中发挥应有的作用，保证开放教育学生的培养质量。

二、注重培养优秀的学生干部

好的学生干部不仅会给其他同学做出榜样,也会分担导学教师的工作重担,而且在这个过程中也锻炼了学生的工作能力,从而运用在自己以后的工作实践中。导学教师在选择班干部的过程中要一视同仁,不能因为个别小问题而否定他们的优点,应广泛听取同学和任课教师的意见,综合学生的平时表现民主或择优选拔;选出优秀的学生干部,要充分信任和尊重,减少个人干涉,使他们充分发挥个人的工作主动性和能动性。

学生干部队伍应真正发挥先锋模范作用,真正发挥战斗堡垒作用。学校应健全团支部、学生会组织,主动让学生组织成为学校与学生,教师与学生沟通的桥梁,通过民主推荐、个人竞选产生学生干部队伍。结合开放教育类学生的生理和心理特点,通过学生干部开展广泛的思想交流。帮助广大学生树立和培养学习自信心,一方面肯定他们在以往的学习和工作中取得的成绩和努力,使他们充分看到自己的优点和能力;另一方面,循序渐进一对一式辅导,将他们在现在的环境中遇到的问题总结归纳,然后反馈经验。在交流沟通过程中,要注意交流态度,避免出现僵局挫伤学生的学习积极性,要充分尊重学生。成人学生的自尊心相对来说更强,并且也更容易受到伤害,教师的教育手段要不断改进,积极与学生磨合,减少代沟的出现。在沟通的同时,鼓励他们学习之后要在自己原有的领域有所创新和进步,帮助他们做好职业规划和人生规划。在思想教育过程中,应尽量避免用说教的方式,毕竟这些学生都是成年人,强硬的教育态度只能引起学生的逆反心理,不仅不会配合教师的教育工作,甚至会放弃继续学习。对个别问题学生要单独关注,因材施教,明察暗访,找出学生学习欠缺的根源和影响因素，和周围同学以及同事努力解决问题，最大限度地激发他们的学习主动性。

三、通过加强校园文化氛围引导学生的学习和发展

开放教育的学生大多以参加远程教育学习为主，这些学生有着强烈的孤独感，他们渴望交流，希望像普通高校的学生一样有丰富的校园生活，感受来自众多同学的支持与友谊。学校应主动提供学生情感交流、培养兴趣和寻求帮助的平台，能够促进学生之间交流沟通，传承成长经验，解答学生疑惑，碰撞智慧思想，传递情感关怀，培养同学友谊，消除学习孤独感，增强学生对开放大学的身份认同感、归属感和凝聚力，营造积极向上的校园文化氛围，促进学生的管理、学习和发展。经常性地开展校区、班级之间各种比赛活动，增进学生之间的友谊，根据不同学生原来从事行业的不同，有针对性地聘请相关行业的专家学者到学校举办讲座，吸引学生积极参与和交流。并用各种比赛的形式加强同行的良性竞争，使同学之间互相帮助，共同进步。导学教师应合理引导学生的学习积极性，帮助其树立明确的学习目标，使学生学习起来既有针对性还能自我检测和反馈。

第二节 提升教育服务意识

现代教育以促进人的现代化和主体的全面发展为中心。主体性、发展性是现代教育的本质规定。基于此，现代教育倡导"教育是一种服务"的教育管理理念。它强调教育者（教师）以满足受教育者（学生）个性

发展，为受教育者创造全面发展和主体生成的情境和条件。它概括了当今教育的经营态度和思维方式。在如何开展教育管理和教育活动问题上，相对于传统的教育管理理念，它具有自身的特点：

1. 教育服务理念体现了现代教育以人为本的精神，突出了主体，突出了主体的生成和主体性发展，以培养现代主体人格为根本。它直接着眼于人，着眼于人的发展。

2. 教育服务理念下的教育管理活动是教育者与受教育者互为主客体、主体间的对象性活动；是在教育者的组织领导下，教育者与受教育者共同参与的活动；是教育者的启发、引导、指导与受教育者的认知、体验、践行的互动；是教育者的价值导向与受教育者自主构建的统一的活动；是教育者与受教育者的相互教育与自我教育、教学相长的活动。

3. 教育服务是现代教育管理的整体特征，它不是教育活动的某个阶段或某个部分、某个方面的特征。作为现代教育的根本指导思想，它是贯穿于教育管理活动的始终和教育管理活动的各个方面的。

教育服务的管理理念对于高校的改革、建设和发展有以下作用。

一、教育服务理念为改革高校学生管理提供内部驱动力

我们的教育理念是培养人、改造人、塑造人，这具有很大的合理性和教育价值，但是，怎样操作和实施，人们往往受一种片面的理念所指导。长期以来，人们一直将学生作为工作对象来"加工"，将教育完全观念化，以至于我们不能正确理解教育与社会、教育与个人发展之间的关系，使我们的许多教育政策与决策缺乏科学的基础。

树立高等教育服务理念，能够促使高校树立责任意识、市场意识和竞争意识，促使他们关注社会与受教育者的个人教育服务需求，推动高校自觉自主地进行改革，把握市场动向，完善服务体系，增强效益意识，提高服务质量。来自管理者自己对这种改革的需求和认同是改革高校学生管理最主要的动力。可以说，没有管理者对这种改革的深刻理解，没有管理者对学生管理的热情参与，没有管理者对学生管理的积极投入，学生管理理念要转变就十分困难。要求高校学生管理者树立教育服务管理理念，就是期望在形成教育服务理念的同时，一方面使管理者意识到自己与服务，服务与学生之间的密切关系，因而去尝试改变对学生的态度，尝试用一种全新的视角去看待学生；另一方面，也让管理者从根本上认识到传统管理的问题所在。服务理念首先是将服务对象当成自己一切服务工作的对象和焦点，将学生满意与不满意作为衡量管理业绩的重要指标，在客观上就迫使管理者去反思原来的管理理念并努力去接受新理念、新方法。这样，就能形成一种内在动力去推动他们进行改革。

二、教育服务理念为引导高校学生管理提出新的目标

传统教育理念培养人一般只要求听话、服从，教师培养学生追求"齐步走""整齐划一"，对学生个体之间的差异和个体特征重视不够，因而很难适应时代发展的需要。学生是共性和个性的统一。共性是指学生的群体属性，个性则是指学生的个体属性。处于同一年龄阶段的学生，由于他们生命过程和生活经历的相似性，他们的身心发展在同一规律支配下，表现出某些相同或相似的属性和特征，即共性。但这些共性只是相

对而言的，由于个体间遗传因子、家庭背景、社会环境及教育影响的差异，学生的身心发展无论是在内容上还是在水平上都是千差万别的，学生的性格、兴趣、爱好、智力、能力不完全相同，即具有个别差异。这种个别差异是绝对的，是不以人的意志为转移的。这是学生管理必须面对的事实。

树立高等教育服务理念，不仅能够让我们意识到学生共性和个性的差异，还能够让我们意识到，"高等教育服务的生产者是教育工作者，他们通过消耗智力和体力，而生产出适合不同教育对象需求的，具有多方面性能的教育服务，处在生产领域。学生则是高等教育的消费者，处在消费领域"，这种理念为高校学生管理实践提出了新的目标。作为提供教育服务的教育者，在学生管理中应以学生为本，尽量满足学生（作为消费者）的需要。不同的学生有不同的需要，同一学生不同时期的需求层次也不尽相同，需求的多样化就决定了教师工作的复杂程度。在提供教育服务时，教师不再是以前高高在上的管理者，而是成了为学生提供服务的教育服务生产者。要生产出优质教育服务，以满足不同人的所有合理需求，教师就要自觉地树立"以人为本"的服务理念，掌握学生的思想动态，了解他们需要什么、喜欢什么、想些什么、关心什么、拥护什么、反对什么，兴趣何在，更要了解不同年龄学生身心发育的规律和特征。要深入课堂，深入食堂，深入学生宿舍，深入学生活动的各个方面，只有这样，才能从学生的角度制定出符合他们身心发展需要的管理规章，才能努力完善他们的个性，充分发挥他们潜藏在主体内部的创造潜能，才能受到更多学生的欢迎和喜爱。要"生产"优质服务，教师还要了解学生需求的变化。社会在变，时代在变，生活环境在变，学生的思想观念也会随之发生变化。这就要求教师要不断调整教育方式，随时了解以前的规章还是否符合发展了的实际，以前的教育方式、教育手段还是不是学生愿意接受的。

三、教育服务理念为高校学生管理创造新型师生关系

传统的教育理念认为，学生是教育的客体，教师是教育的主体。受这种教育理念的影响，在学生管理中，教师和学生之间是管理者与被管理者，指挥与服从的关系，学生是弱势方，学校是绝对的强势方，这种管理方法虽然也会取得一定的管理效果，但它付出了扼杀学生主体性、自主性和主观能动性的巨大代价。

树立高等教育服务理念，要求教育者重新审视以前的师生关系，树立起新型的师生关系：从高等学校教师方面来看，在教育服务生产过程的师生关系中，学生作为教育服务消费者，在教育过程中拥有重要地位，教师必须予以尊重，教师作为教育服务生产者，不能不认真考虑作为教育服务消费者学生的意见要求，这意味着教师必须改变角色意识，树立服务理念，从提高服务质量、保证消费者满意的角度出发来考虑一切，才能做到因材施教；从学生方面来看，意味着他们必须树立独立意识和自主观念，他们必须对自己的选择和行为负责，不能完全依赖学校和教师。这种新型的师生关系有利于学生管理中师生平等地、朋友式地、相互尊重地交流对话。管理者也只有从观念上意识到对学生进行管理就是对学生的一种服务，认识到尊重学生就是在尊重自己，放弃学生就是在放弃

自己，学生的失败就是你的失败，失去了学生就是失去了你自己，教师才可能真诚地去爱，真诚地付出，新型的师生关系才可能得以建立。在这种新型的师生关系中，学生管理倡导以"爱"为核心的情感管理。爱是一切教育的起点，是开启学生心灵的一把金钥匙，也是教育引导和管理学生的一种精神动力。只有爱学生，管理学生才能做到十分耐心，了解学生才能非常细心，为学生服务才会一片热心。而爱学生的最有效途径就是和学生交朋友，成为学生的良师益友。这样，一方面可以唤起学生管理者的友爱之心，使学生管理者乐于并善于与学生交友；另一方面可以使学生把学生管理者看成最值得信赖的人，向管理者敞开心扉，吐露心声，心悦诚服地、愉快地接受管理。

四、教育服务理念为高校学生管理的评价提供新的依据

无论什么条件下，任何一所学校的学生管理都有获得良好效果的预期。不同时期，人们衡量学生管理质量的依据不尽相同。传统的教育理念从管理者的角度出发，管理质量意味着管理特征对组织的规定与要求的符合程度。这一视角使组织更关注效率，即用最小的成本获得最大的收益。

树立高等教育服务理念，衡量教育质量的标准则主要是服务对象的满意度。这一视角更关注服务对象需要的满足。与传统理念相比，这一理念已经意识到了不同的服务对象会对同一产品感知到不同的质量水平。当学生或家长感知到满意的服务时，也就是他们对所有服务特征的期望都得到满足或超额满足时，他们把整体服务感知为优质，并因此对学校和教师保持忠诚，从而对学校产生归属感。用满意度来衡量学生管理，

传统的强迫式的管理方法必然失去效力,这就促使学生管理者转变理念,认真研究学生,了解学生身心特点,了解学生需求,创新教育方法,来满足学生需要,从而为高校学生管理提供了新的衡量依据。

用满意度来衡量学生管理具体表现在要符合学校教育质量的以下几个特征:

1. 有效性。也就是能有效地发挥教育服务产品的功能和作用,满足学生学习的欲望,促进学生的发展。

2. 经济性。是顾客为了得到教育服务所承担的费用是否合理,优质与廉价对顾客是同等重要的。

3. 安全性。是学校保证服务过程中学生的生命不受危害,健康和精神不受伤害,人格不受歧视,合法权益受到尊重和维护。

4. 时间性。顾客对服务的时间上有需求,他们需要及时、准时和省时。

5. 舒适性。需要舒适的学习环境,以及令他们感到舒适的服务态度。

6. 文明性。顾客需要学校有一个自由、亲切、受尊重、友好、自然和善意的、理解的氛围,希望教师有较高的知识修养、文化品位和优雅的举止谈吐。

用满意度来衡量学生管理要以服务对象为衡量主体。学校应给予学生充分的评估权,学校应制定教育服务质量标准,并使服务者了解标准;研制学生满意度问卷调查,用以作为衡量学生管理的主要标准。当然,用满意度来衡量学生管理并不意味着对传统衡量标准的彻底抛弃。为了对高校学生管理做出更科学的评价,我们以为,可以建立起高校学生管理满意体系。这种体系除了学生满意以外还包括管理者自己满意体系,包括上级对下级的满意、下级对上级的满意以及家长满意、社会满意等等。这种系统化的满意体系有利于学生的健康成长，有利于学校的管理，使师生之间建立起共同学习、共同进步的良性循环。

五、在学生管理工作中树立服务意识的几点要求

（一）思想观念要转变

长期以来，传统的学生管理工作是以管理者为中心开展的，管理者对学生拥有绝对的权威，管理者与学生的关系是"管"和"被管"的关系，管理的内容主要表现为要求被管理者"做……""不做……""如果……"，管理的基本方式是"要求""批评（甚至是训斥、吓唬）"和"处分"。这样的管理方式在特定的历史时期，对矫正学生的不良行为习惯是起到积极作用的。

伴随着社会主义市场经济的不断发展，社会竞争日益激烈，社会对大学生素质、能力的要求不断提高，传统的管理模式已经不再适合当前的高校学生管理工作，我们就应该结合新情况，用发展的思维去改进它、完善它。在管理中融合服务的思想，体现"以人为本"的管理理念就是适应新形势的有效方法，我们应着实意识到它的重要性，切实贯彻到管理工作的各个方面和环节中去。

（二）工作态度要转变

学生是整个教育过程的主体，在学生管理工作中要充分尊重学生的个性和人格，转变以前"高高在上""不俯身子"的管理者的姿态，带着管理就是服务的理念，不断提升自身工作对学生的吸引力和亲和力，主

动深入学生群体，经常倾听学生的意见和建议，及时对工作不足之处加以整改，贴近学生生活，贴近学生实际，视学生为朋友，宽厚待人，主动去尊重、理解、关心和帮助他们，引导他们以主人翁的姿态投入学习、工作和生活，促进他们道德自觉自律意识的养成，最大限度地发挥他们的创造潜能。

（三）工作作风要转变

说得好不如做得好。树立落实服务意识，关键还是在工作作风上的转变。要把解决学生的思想问题和实际问题结合起来，主动观察学生关心关注的热点与焦点问题，及时高效、公平、公正地做好学生的评优评奖，党员的发展，贫困生精神和物质的帮扶，就业推荐和指导等工作，让学生感受到实实在在的服务效果。特别是在对待学习后进生和个别违纪同学的管理中，要学会感动他们，通过各种有效的帮助教育途径，比如指导学习方法、多表扬他们的优点等，使他们觉得教师的工作是为他们着想，是为了实现、发展和维护他们的利益，从而自觉学好、表现好，促进整个群体管理的顺利开展。

（四）服务意识的树立要与坚持制度相结合

在学生管理中，制度是工作的保障，服务是工作的理念，稳定和谐是工作的目的。强调树立服务意识不是抛弃制度的约束，而是增加制度落实的人性化，没有制度依靠的服务是无力和软弱的。对于个别纪律观念薄弱、思想觉悟低、道德品质差、屡次违反纪律的学生就是应该按照规章制度给予相应的处分和处理，这样才能维护绝大多数同学的权益，赢得绝大多数同学的支持。同时，规章制度的坚持与落实需要服务意识的体现，只有怀着服务好学生的思想，才能赢得学生的理解与配合，才会将外在的规定转化为他们内在的自我要求，学生管理才会具有实效性和持久性。

六、在学生管理工作中树立服务意识的建议

（一）建立一套科学、规范、完善的学生工作制度

高校应按照国家有关法律规定，依据本校实际情况制定完整的、可操作性强的程序、步骤和规章制度，并以此规范学生的行为，行使有效的管理。完善学校的规章制度，第一，应确定制定主体，不仅学校领导参与，管理者参与，作为被管理者的学生也要参与，这样才能充分体现学生的利益，实现"以人为本"。第二，学生管理制度应当完善，不仅要注重实体内容，还应当注意到程序内容。比如，学生处分制度，应当列明学生在哪些情况下会受到处分，还应有学生辩护机制和申诉机制。在所有的程序都进行完之后，再由决策机构来认定处分该不该执行。第三，学校应有快速的反应机制，对国家一项新的学生管理政策或者法规出台以后，学校应快速反应出相应的实施意见。最后，除了这些强制性的规定，还应当有一系列的自律性的规定，使学生明确集体生活中行为自律的重要性而自觉规范自己的行为。

（二）发挥学生主体能动性，变被动管理为自我管理

在工作中要注意调动好学生自身参与管理的积极性，让学生积极参与学生管理工作，改变学生在学生管理工作中从属或被动的地位，不是单纯地把学生看作教育管理的客体，以利于消除大学生对于被管理的逆反

心理，实现大学生的自我管理。学生管理中宜推行以学生工作处指导下的，以辅导员、学生干部为调节的，以学生自律委员会为中心的相对的学生管理方式。既能锻炼学生的能力，同时又达到了管理的目的。

（三）完善对学生管理者的选拔模式和培训机制

提高学生管理工作者的待遇，建立一支专业稳定的学生管理队伍。一是学生管理者的选拔模式要创新。如今有的毕业生为了留校做教师而将从事学生管理工作作为以后成为任课教师的跳板；有的则是通过种种关系安排进来，在这样的情况下，学生管理工作者很难保持高度的热情，管理水平也不一定很高。而新的选择模式是要面向全社会，以完善的选拔机制来完成对学生管理工作者的选拔，这样能招募到各类人才，使学生管理队伍进一步扩大并提高一定的质量。在选拔人才的时候尤其要注意他们在教育学、心理学、管理学方面的知识。在国外做家政服务都必须具备心理学、教育学相关证件，持证上岗。作为学生管理者的选拔就更应注重教育、心理、管理方面的知识，最好是应具备这方面的学历。二是学生管理者培训机制要创新。学生管理工作是一项很灵活多变的工作，需要管理者有足够的经验和专业知识来处理各种突发事件，因此，对管理队伍的专业培训显得尤为重要。在新型学生管理模式下，任课教师是一种了解学生情况和反馈情况的角色，宿舍管理者也是一个重要的角色，因此，原来这种专业性的培训机制针对的主要是校、院、班三级的学生管理工作者要改变，应面向专业课教师、学生辅导员和宿舍管理员，对学生辅导员、宿舍管理员要注重教育学、心理学、管理学方面知识的更新与培训，以及他们对突发事件的应急能力，让他们将"学会管理"

与"学会学习"结合起来，使学生管理工作者能不断超越自我，从而培养出一支专业稳定的学生管理队伍。注重专业课教师对学生工作相关知识的了解程度的培训，使他们从被动到主动关心学生的成长，关心学生工作，从而在各高校树立全员育人的思想。三是关注学生管理者的待遇。学生管理工作需要管理者保持极大的耐性和工作热情，管理工作相当烦琐，使得很多管理者不能维持工作的长期性，而管理者的经常变动则影响学生管理工作的开展和完善，因此，提高学生管理工作者的待遇，使其能稳定地从事这一工作是必要的。

(四) 加强学生的德育教育和心理健康教育

当今高校教育中的人才培养，不只是要使其获得专业知识和技能，也要培养其道德修养和心理素质。高等学校是培养主流意识形态的重要阵地，对构筑大学生良好的精神世界发挥着重要作用。高校学生管理者应通过各种渠道和方式，帮助大学生树立正确的世界观、人生观、价值观，形成高尚的道德情操和坚强的心理素质。所以，高校学生管理工作中的一个重要内容就是加强学生的德育教育和心理健康教育。这一点很多高校已经认识到并正在改进，特别要注意结合大学生实际，广泛深入开展谈心活动，有针对性地帮助大学生处理好学习成才、择业交友、健康生活等方面的具体问题，提高思想认识和精神境界。要制订大学生心理健康教育计划，确定相应的教育内容、教育方法。积极开展大学生心理健康教育和心理咨询辅导，引导大学生健康成长。

"以人为本"的管理模式是顺应当今形势行之有效的模式。学生管理者要结合实际情况积极运用这种模式，在管理中树立服务意识，充分调动学生自我管理的积极性和能动性，实现管理者和被管理者的有机融合，实现学生管理的时效性和持久性。

第三节 创新管理方式

创新是高校学生管理的灵魂，也是高校发展的关键。高校只有大力进行管理的创新，摒弃陈旧、落后的管理方式和方法，创建一种与时代发展相适应的新的管理机制，才能真正提高高校的管理水平，从而实现高校提高办学质量和办学效益，从而培养大批优秀创新人才的现实目标。尽管全面创新管理是针对企业的创新提出的，但对高校也同样适用。

一、高校学生管理工作创新的必要性

今日高校的功能已由单一走向多元，从简单趋向复杂，高校与社会的关系日益紧密。21世纪，人类社会正进入一个以智力资源为主要依托的全球化知识经济时代，伴随知识经济社会的到来，高等教育将在社会中发挥空前重要的作用。高校作为法人实体，必须有全面创新思维，否则将落后于历史前进的步伐。全面创新管理特别是其根据环境的变化突破了原有的时空界域和局限于教学管理部门和教师创新的框架，突出强调了新形势下全时创新、全球化创新和全员创新的重要性，使创新的主体、要素与时空范围大大扩展。

（一）管理创新是培养高素质人才的需要

当前，科技飞速发展，新技术不断涌现，要培养大批高素质人才以适应新时期的生产建设，必须不断推进教育创新，这不仅包括教育观念、教育制度的创新，在人才培养模式和学生管理工作上也必须探索出一条新的道路，才能提高人才的素质和能力。学生管理工作是高校育人的重要手段，其本身并不仅仅是一个简单的政策、制度、规章所能涵盖，它是一整套理论体系和系统工程的反映。学生管理工作的创新过程必须不断与外界思想、政策、环境相匹配，适应时代的潮流和社会的发展，这样才不会被时代所淘汰。

（二）管理工作创新是高等教育大众化的需要

自1999年高校扩招以来，招生规模的不断扩大，学生人数的不断升高，以前的所谓"精英教育"渐渐被大众化的教育模式所取代，大学生的整体素质和层次也在发生着巨大的变化，这对大学生管理工作是一个不小的挑战。高校学生管理工作只有积极创新、不断探索，才能适应高等教育大众化发展的要求。

（三）管理工作创新是服务学生的需要

我国当前正处于社会转型期，社会生活方式逐渐多样化，大学生的思想观念、价值观念、生活方式都在发生着巨大的变化。随着网络技术的快速发展，大学生对于新知识、新技术的接受和学习速度变得更快，这使得他们被网络深深地影响着。在学生管理的层面上来看，互联网的确带来了新的技术和方法，但互联网也冲击着传统的管理方法和体制。对管理模式进行创新，这是加强学生工作的需要，也是提高高等教育质量的需要。

二、全要素创新在高校学生管理中的应用

（一）高校创新发展战略的制定为全面创新指明了方向

高校在战略措施的制定上，要找准切入点，突出特色，坚持特色办校，将有限资源用于战略性、关键性的发展领域，使之发挥最大的效用。高校的优势来源于管理者将内部所具有的专业特色优势、人才优势、学术科研成果、管理经验、资源和知识的积累、整体创新能力等多种因素整合。只有建立在现有优势基础上的战略，才会引导高校获取或保持持久的战略优势，推进特色办校战略，不仅在某一学科或专业上有特色，而且尽可能进一步在某一领域上有特色。

（二）创新文化的建设是实现高校全面创新的源泉

各种创新活动都离不开高校创新氛围的基础，如果高校中人们的思想僵化，思路不清，机械、呆板，满足现状，不思进取，缺乏创新欲望与动机，对创新举动不予理睬甚至百般阻挠，就不可能形成强烈的创新氛围。据研究，国内外的一些著名高等学校，其保持长盛不衰的活力之源就是独特校风的延续和更新机制的存在。

（三）技术创新是实现高校全面创新的手段

现代信息技术对教师的学科知识结构以及掌握现代化教育技术的程度也提出了更高的要求，引起教学方法和手段的现代化及课程内容的更新，影响教学过程和人才培养的过程，对大学生的思维方式、行为模式、价值观念、政治倾向等都产生深刻的影响。

（四）创新制度设计是高校实现全面创新的保障

任何一个制度和政策设计的终极目标都是要最大限度地激发人的积极

性。高校必须承认个人在知识发展中的独特性，建立"以人为本"的有利于学生创新思维、创新能力培养的管理制度，既有利于充分发挥学生的学习积极性，也有利于充分发挥教师的教学积极性。

（五）学习型组织是高校实施全面创新的必然选择

随着我国高等教育向大众化阶段的迈进，高校办学规模不断扩大，管理幅度和管理层次也相应增加，高校实际上已经成为一个复杂的组织系统，传统的金字塔式的组织结构已很难适应知识经济的要求。因此，应改变组织结构，建立一种有机的、高度柔性的、扁平的、符合人性的、能持续发展的、充分发挥员工的创造性思维能力的组织。

（六）全时空创新在高校学生管理中的应用

全时空创新是指每时每刻都在创新，它使创新成为涉及学校各个部门和师生员工的必备能力，而不是偶然发生的事件。这就要求在课程体系中增加创新能力的训练和综合实践课程，提高学生在亲身实践中发现问题、解决问题的能力，进而激发灵感，教师要更新教育观，转变教育思想，改变常规教学方法的树立，把知识的最新成果以及学术界正在争论的问题随时融进教学中去，身体力行地站在创新的最前沿。况且，在全球经济一体化和网络化的背景下，高校应该考虑如何有效利用创新空间，在全球范围内有效整合创新资源为己所用，实现创新的全球化，即处处创新。

（七）全员创新在高校学生管理中的应用

全员创新要求师生员工必须学习、学习、再学习，不仅要系统地学习，掌握基础的现代科学文化知识，而且要钻研某一专业方面的前沿领域，做到博与专，基础与特长的和谐统一，加强当前的阶段性学习，更要强调终身学习，不断增加新知识、新技能，保持良好的知识结构。高校学生管理人员再也不能像以往那样用传统的组织手段来指挥一群富有知识、渴望创造的教育工作者，而是必须不断探索高校学生管理中的新规律、新问题，研究现代化高校学生管理的新的方法论，寻求新形势下行之有效的管理方法，努力增强高校学生管理的科学性和艺术性，不断提高管理成效，用信息化管理方式取代传统管理方式，更要学习借鉴国内外先进的高校学生管理经验。

（八）全面协同在高校学生管理中的应用

正常的教学秩序需要稳定的教师队伍和部门间的协同管理创新。目前，高校规模的不断扩大使得高校学生管理创新呈现出纵向的多层次和横向的多部门性，并且相互依存。无论从高校教育和教学管理的主体还是从客体来看，都不可避免地会出现利益和要求的多元化局面。高校学生管理中的协同创新行为是高校多个部门创新的组合过程，必须让所有参与协同的部门了解当前高校组织创新的实际情况，这不仅有利于单个部门的创新，而且在创新的过程中能进一步增进相互的理解和信任，利用部门间相互协同创新，增强高校的凝聚力，提高高校的管理效率和创新能力，最终实现解决矛盾，缓解纠纷，消除内耗，达到整体创新的目的。

三、高校学生管理工作创新的建议

（一）完善学生管理制度

高校学生管理制度是在全校范围内具有普遍约束力的各种规章、条例、制度等，是高校依据国家有关法律法规制定的行之有效的管理办法。

若想改变高校的学生管理制度只是沿用老一套的管理办法是跟不上时代的发展的。因此，必须尽快制定出与时代和社会现状相符合的管理制度，完善管理上的不足。

（二）学生管理队伍专业化

目前来看，我国高校的学生工作管理队伍普遍存在这样或那样的问题，比如专业背景不同、理论基础不扎实，在学历水平和思想素质上也存在不小的差别，这对于高校的学生管理是十分不利的。因此，努力培养和造就一支学生工作的专家队伍是当前学生管理工作创新的当务之急。一支专业过硬、素质较高的学生管理人才队伍，不仅能够管好学生，更能服务学生、培养学生，提升学校的综合实力。

高校全面创新管理体系的建立是一项复杂而艰巨的工程，不仅需要对全面创新管理中的要素理解掌握，还应采取如下策略：在宏观上政府要明确在高校科技工作上的职能定位，加强对高校科技工作的战略规划，对高校实行分类指导，引领科研方向；中观上加强校内、校外，国内、国际的科技交流与合作，建立和完善科教经互动的合作创新体制，构建开放的人才培养体系和多元化、多渠道的科技创新投入体系；微观上各高校要实施高校科技管理体制创新工程，建设科技资源共享的创新基础平台，实施科技创新人才选培工程，培育科技创新文化，提高投入资金的使用效率。

第四节 坚持"以人为本"的理念

随着现代教育的发展和教育改革的深入,"以人为本"的学生管理将最终取代传统的学生管理,这是学生管理改革和发展的必然趋势。人是管理中的首要要素,因而提高人的素质、调动人的积极性、促进人的全面发展是提高管理效果的关键。科学发展观的本质和核心是坚持以人为本。坚持以人为本,不仅在人类思想发展史上具有重要的理论价值,更应成为当今高校的一种新的办学理念。

一、什么是"以人为本"的管理

"以人为本"管理模式即以人为中心,在确立学生主体地位的基础上,围绕调动学生的主动性、积极性和创造性来开展一切管理活动,这种管理模式是高校学生管理模式发展的必然走向。"以人为本"的学生管理工作理念,就是要以人为出发点,充分尊重学生作为人的价值和尊严,充分尊重学生的人格、个性、利益、需要、知识、兴趣、爱好,力促学生全面发展,健康成才,并能可持续发展。这意味着要从那种把对人的投资视为"经济性投资"的立场转变为"全面发展性投资"的立场。"以人为本"的管理在处理人与组织的关系时,并不否定和排斥组织的目标,而是把人的自我发展和自我完善作为组织目标的组成部分。高校学生管理中坚持以人为本的管理思想,就是指高校学生管理工作必须以调动学生的积极性、做好学生的工作为根本。具体而言,就是要在高校学生管理过程当中坚持把教育和管理的对象——所有学生作为全心全意为之服务的主体。树立"以人为本"的高校学生管理理念，营造良好的服务氛围，对学生能起到潜移默化的作用。高校从教学到行政管理，从学生学习到后勤服务，都要不断深化教育改革，转变教育观念，转变过去那种以学校为主体、以教育者为核心的工作思路和工作方式，变管理为服务，树立"一切工作都是为了学生"的健康成长的管理理念。"以人为本"的高校学生管理就是以学生的发展为高校工作的出发点和落脚点，一切为了学生，使大学生德、智、体、美全面发展。具体而言，就是要理解学生、尊重学生、服务学生、信任学生。

二、实现"以人为本"的管理模式的必然性

高校是培养和输送人才的重要阵地，始终担负着为社会培养高素质的建设者和接班人的神圣使命。在现行的高校学生管理中，管理目标的抽象化和格式化也是高校学生管理的一大弊病。高校学生管理工作与学校的其他工作目标是一致的，都是为社会培养人才。

人性化管理是以情服人来提高管理效率的，人性化管理风格的实质就在于充分尊重被管理者的自由和创造才能，从而才使得被管理者愿意以满足的心态或以最佳的精神状态全身心地投入学习和工作当中去，进而直接提高管理效率。人性的管理是情、理、法并重的管理，而不是放任管理，也就是我们提倡的教育人性化。对高校学生实行"以人为本"的管理模式抓住了学生管理中最核心的因素，因为学生管理就是人的管理。人的需求、人的属性、人的心理、人的情绪、人的信念、人的素质、人的价值等一系列与人有关的问题均成为管理者悉心关注的重要问题。这是高校学生管理的出发点和落脚点。

高校的基本职能之一就是为社会发展教育和培养人才，大学生已经具有了成为国家栋梁的基本潜质和条件，在教育和培养的过程中，要充分调动大学生的主动性、积极性和创造性，为他们提供能激发创造性和自主创新性的氛围。而要实现这一目标，高校学生管理就必须是人性化管理，实施"以人为本"的管理模式。首先要转变教育管理观念，树立科学的人才观。切不可用一种人才模式去苛求学生，限制学生个性的发展。学生管理工作者要有着眼于未来的宽广眼光和不拘一格育人的胆略。其次是要着重提高教师的综合素质，强化管理者的人格魅力。

在新形势下，主观上学生群体已经逐渐不接受传统的高校学生管理模式，客观上高校管理所面临的形势也不能使这样一种模式维持下去。招生规模的扩大，个性培养和创新教育日益被高校所重视等，这些因素都要求高校学生管理必须抓住"学生"这一根本，转变管理理念，提高教师的综合素质，强化管理者的人格魅力。进行人本化管理，其实是对教师尤其是学生管理者提出了更高的要求。以人为本，促进高校学生管理和谐发展是时代的发展适应大学生全面发展和个性发展的必然要求。构建和谐社会和谐校园，新时期学生的思想特点等使得以人为本的管理模式成为必然的选择。

三、构建"以人为本"的学生管理模式

（一）加深对学生的本质认识

高校学生管理，无论是计划和任务的确定，还是内容和形式的选择，都源于对学生的认识和把握，源于对学生发展中各种矛盾的深刻洞察。

实际上，任何个体都有其自身具体、独特、不可替代的需求。不同个体的需求在整个群体中又都不是孤立存在的，它们之间是相互联系和作用的。就高校学生管理而言，学生对自身所处管理环境的感受，对自己在学校中的地位，对学习、恋爱、人际关系、就业等个人发展需要得以满足的程度，都是影响管理效果的重要因素。

离开了对这些因素的认识、洞察和把握，高校学生管理就成了无源之水、无本之木。因此，我们只有全面考虑学生的个体情况，重视个人需要在管理中的地位和作用，并把它们看作运动的、变化的，高校学生管理才能有的放矢，提高管理效率，收到预期的效果。

（二）营造"以人为本"的校园文化环境

环境是人们赖以生存和发展的自然条件和社会条件的总和。校园文化环境是指与校园文化的形成与发展密切相关的外部条件。校园文化环境包括校园的物质环境和校园的精神环境两部分。校园的物质环境是以布局成型的姿态出现的物质环境，主要是指校容，如建筑物的布局，室外的绿化、美化，室内的整洁、美观、大方等。校园的精神环境主要是学校的传统习俗，校风、人际关系、心理氛围、文化品位及活动构成的气氛等。人的发展及才能的养成是遗传、教育、环境共同作用的结果。人不仅受他们所处的环境的影响，也在不断地改变环境。这个环境又进一步地影响他人和自己。就学校而言，这种对人的发展以及才能的养成产生影响的环境，就是校园文化环境。校园文化环境对学校的教育工作及师生员工的生活有着不可低估的作用。开展丰富多样、多元化的学生集体活动能够培养学生崇高的理想和高尚的道德情操，能够使学生的兴趣爱好和特长得到良好的培养和充分的发挥。在一个健全的集体中，学生的不良习惯及意识也比较容易克服，因为集体的影响、优良作风对学生思想品德的形成和发展能起到巨大的促进作用。要充分调动学生的积极性、创造性，设法激发学生的思维兴奋点，组织开展丰富多彩的集体活动，在集体活动中教育、培养每个成员的集体主义精神，通过各项活动，积极发挥和发展学生的才干及特长，使活动和教育融为一体。

（三）构建以学生为中心的管理模式，实现学生自我管理

贯彻"以人为本"的教育理念，构建人性化的学生管理模式，其中最基本的有两条：一是确保学生在教育中的主体地位，充分尊重学生的人格与自主权利；二是要对所有学生负责，为学生的全面发展提供应有的服务。

作为教育工作的重要方面，在管理工作中确保学生的主体地位，尊重和维护学生自主学习的权利，就要保证教育主体的主观能动性得到充分的发挥，使他们的个性得到充分的张扬，使学生的潜力和发展的潜质得到充分的挖掘。积极实现学生的自我管理、自我教育、自我约束、自我服务、自我发展等目标，不断培养和提高学生独立思考问题、分析问题、解决问题的能力，这不仅是改进学生工作，为学生的自主发展提供更大空间的需要，也是我们这些年来在学生管理工作中的成功经验。实际上学生的"自我管理"，就是一种民主的、开放的、人性化的管理，它更加有利于实现学生成才的目标。

四、学生在管理中的问题

高校学生通常叛逆心理较强，不希望被控制，希望自由，不喜欢被约束，不喜欢规章制度，喜欢自由自在。针对高校学生的这一特点，我们可以调动学生的主观能动性，使学生转换观点，不要让学生觉得自己被约束，让他们觉得自己是自由的。可以多让学生参加课外活动，多参加社团、学生会，使学生通过管理学会自我调节和自我管理。同时我们需要有更多的激励方式来调动学生的积极性，从而更好地进行自我管理。对于在学生管理方面表现出色的学生应该予以必要的精神鼓励和物质鼓励，这样学生才能够更好地自我管理，进一步更好地推进管理模式，形成良好的管理习惯。

五、加强学生管理机制

做好学生管理工作，需要大家不断地努力，通过多和学生沟通，了解学生，从而更好地做好学生管理工作，立足于学生所需、学生所想，实实在在地为学生做好服务。在管理方面，教师应该更多地阅读教育学方面的书籍，更好地了解现阶段学生的心理状态，知道怎样处理出现的问题，同时做学生管理工作的教师需要有满腔的工作热情和无私奉献的精神，这是一名管理者应该具备的，时时刻刻关心学生，了解学生的需要，从更人性的方面出发。然后教师也需要合理的晋升培训机制，更好地鼓励管理工作做得好的教师，只有这样教师才能更有动力地做好管理工作。

高校管理工作是一项责任重大的工作，高校管理工作要围绕学生的基础需要，立足于学生的发展，更多的是做一个好的引导者，让学生朝着更好的方向发展。这才是我们管理者在以后的工作中需要加强的。

六、提高学生管理工作者的素质

"以人为本"的管理理念体现出管理的自主性、民主性、灵活性和发展性等特征,这对学生管理工作者提出了更高的要求。"教书育人"就是通过"教书"这一手段和过程达到"育人"的目的。高校各门课程都具有育人功能,所有教师都有育人职责。学校道德教育的成效很大程度上是由教师的道德素养所决定的。教师及各类管理人员要从不同的方面对学生的行为产生影响和作用,确立全员育人和全程育人的观念。学生工作者要深刻认识并准确把握经济社会形势和发展趋势,面对这些变化所带来的影响,能够因势利导做好学生的教育引导工作。

建设一支高素质的学生工作队伍,一方面是高职院校要按照要求认真做好建设规划,做到与师资队伍和其他管理人员队伍的建设统一规划、统一实施;要明确条件、坚持标准,切实做好人员选配工作;要周密计划、合理安排,扎实推进人员培训工作;要提出目标、严格要求,不断增强学生工作者的责任感;领导和有关部门要对学生工作者思想上重视、工作上支持、生活上关心、政治上爱护,使学生工作者都能够随着形势的发展和工作的进行不断提高素质和水平,以满足事业发展的需要。另一方面也要求学生工作者加强自身修养,明确神圣职责,增强责任观念,树立服务意识,努力学习,积极实践,深入思考,大胆创新,不断探索新形势下学生工作的新路子、新方法,不断总结适应新形势、新情况下的学生工作的新经验、新成果,在全面服务学生成长成才的过程中发展自己,实现自身的价值。"以人为本"的学生管理要追求以新奇制胜,以巧妙攻心,关注学生的日常生活和学习生活中行为表现的细枝末节,把为学生服务放在重要位置,创造性地进行管理。只有坚持"以人为本,和谐发展"的管理理念,适应新时期科学发展观的要求,倡导积极向上的学习观、人生观、价值观,实现学生管理模式的改革与创新,才能真正促进学生的全面发展、和谐发展和持续发展。

第五节 "以人为本"的高校学生管理模式

一、"以人为本"高校学生管理的内涵

"以人为本"的高校学生管理模式应包含以下几方面:

首先,要树立服务观念。随着高等教育成为一种消费,大学生不仅是高等教育的产品更是高校服务的客户,他们有权得到高质量的服务。要树立以服务为本的学生管理理念就要突出服务功能,提高服务质量,坚持从服务与管理学生、维护学生的合法权益出发,将教育、管理和服务有机统一起来。

其次,树立民主管理观念。当前的学生要求平等参与有关自身利益管理的欲望越来越强烈,实施"以人为本"就要求在各种管理工作中重视人的因素,正确认识人的价值。人既是被管理的对象,又是管理的主体,应允分发挥人在管理中的积极性和主动性,形成一种全员参与的管理模式。高校必须强化学生管理工作中的民主观念,彰显"以人为本"精神。

再次,加强法治观念。学生管理工作的"法治",从本质上讲也是"以人为本"管理理念发展的必然要求。

"以人为本"的学生管理模式促进学生个性发展,与传统管理强调共

性存在很大的区别,每个大学生都是具有个性的人,学生管理工作过程中过度强调共性,必然扼杀人类本性中的创造性潜能,使高校的学生管理活动失去应有的生机和活力。"以人为本"的学生管理工作必须树立创新观念,注重发展学生的创新意识和创新能力。总之,"以人为本"高校学生管理的内涵可以归纳为以下几点。

第一,从心理学的角度来看,分析大学生的心理特征,准确把握大学生成长过程中心理变化曲线,理解他们的各种正当合理需要。

第二,加强"以人为本"理念的传播,对大学生进行人性化的教育管理,以人的本性为出发点,引导学生进行自我剖析。

第三,承认大学生的个性,并引导其个性的良性发展,使其共性合格,个性张扬。

第四,强化学生的主体性,发挥其在教育过程中的主体作用,激发其自我教育、自我管理、自我服务的作用。

第五,加强角色转换,加强督导作用。

第六,加强对学生的教育、指导、管理、强化服务,为学生的健康成长和全面发展创造条件。

二、推行"以人为本"高校学生管理模式的意义

(一)"以人为本"是时代进步及现代高等教育管理价值观转变的体现

世界发生着巨大的变化,政治多极化、经济全球化、金融危机化、文化多元化等都冲击着我国高校学生管理模式的探索。同时,随着我国社会主义市场经济体制的日益完善,社会分工越来越细,就业竞争、岗位

竞争、职务竞争等也越来越激烈,社会对人才的标准也提出了更高的要求。如何适应这种新形势,了解新情况、研究新问题、迎接新挑战,做到与时俱进是高校学生管理在理论和实践上要深入研究的重大课题。中国共产党十六届三中全会提出"坚持以人为本,树立全面、协调、可持续发展观,促进经济社会和人的全面发展",为高校学生管理工作指明了方向,即倡导和确立"以人为本"的管理理念,高校学生管理改革才会有新突破,才会有新举措,教育才能开创新局面。

(二)"以人为本"的学生管理模式代表高等教育管理手段改革的新趋势

21世纪是知识经济时代,知识经济崇尚民主、平等、创造性,强调人力资源开发和科技创新的作用,提出教育遵循"以人为本"的管理理念。因此,高校教育管理者面对知识经济的挑战,必须贯彻"以人为本"的思想,不断学习新知识、提出新观点、更新旧观念、开拓新思路,这样才能适应21世纪人文教育的需要。

"以人为本"的管理理念为新时期高校教育改革注入了新的理念。高校作为人类社会中传播知识和先进文化的重要阵地,作为学生树立正确世界观、人生观、价值观和创新思维培养的重要场所,必须坚持"以人为本"的办学理念,才能理解学生、尊重学生、服务学生、依托学生和信任学生。只有充分理解学生的个性、学生的情感、学生的尊严和学生的思想,不断挖掘学生的潜力,才能培养学生的创新精神,因材施教,提高学生的主观能动性,发挥学生的聪明才智,尊重学生的主体意识,最大限度地发挥学生的想象力,使学生真正实现自我教育和自我管理。这些都需要我们建立、健全"以人为本"的高校学生管理体系,创造尊重学生的社会条件。但是，尊重并不是放弃原则，放弃对学生违规违纪视而不见或拒绝对学生错误言行进行批评、教育，而是真心地去关心他们：从思想上关心他们，使大学生树立正确的政治理想，坚定永远跟党走的决心和信心；从学习上关心他们，使大学生产生对学习的兴趣，自发地树立学习的目标；从生活上关心他们，使大学生感受到学校大家庭的温暖。良好的学习生活环境是学生成长、成才的必备条件。应根据学生个人发展的需要，时刻为他们的成长、成才提供锻炼的舞台和最佳的环境。这样学生就能不断地在思想上提高自己、在学习中完善自己、在生活中充实自己，为他们的自我实现、全面发展奠定坚实的基础。

（三）"以人为本"的学生管理模式在网络时代成为可能

网络正极大地改变着大学生的生活、学习方式甚至是语言习惯。对学生管理工作而言，网络为高校学生管理工作带来机遇的同时，也带来了极大的冲击。网络信息的快捷性、丰富性和开放性特点，使得学生从学校和课堂获取知识的权威性受到怀疑。网络的虚拟性、隐蔽性使得网络成为有害信息的滋生地和传播地，使得大学生难以判别和抵御。

（四）"以人为本"的学生管理模式是大学生权利本位的要求

随着经济的发展和科技的进步，当代大学生已经具有了明显的时代特征，如强烈的自我意识、独立意识、平等意识、个性意识。他们大多见多识广，反应敏捷，接受新事物的能力强，在某些方面的知识已远远超过教师和家长，这是不争的事实，学生已不再满足于"你讲我听""你说我干"的顺从和权威崇拜的心理。但是，自理能力、协作意识差，意志脆弱，承受能力差也是当今大学生多出现的问题。

目前在校生中，90后学生已经成为高校学生的主体。这些学生由于受到特殊时期经济政治体制变化、思想领域变化和大众传媒方式日益多样化等因素的影响，学生的权利意识有了很大的变化。他们成长环境十分优越，缺少艰苦环境的磨炼，有相当一部分学生自上大学前，除了读书学习之外，很少参与社会实践和劳动锻炼，过着"衣来伸手，饭来张口"的生活，养成了很强的依赖性，优越的成长环境也使他们对生活有较高的期望值，总渴望着别人能让着自己、关心自己；他们缺少磨炼，在心理上过分依赖于家长和学校；没有挫折体验，经不起新环境和困难的考验，造成意志薄弱，承受能力差。另外，相当数量的贫困生，心理压力过大，造成强自尊与强自卑并存，敏感与脆弱同在。这就要求高校学生管理工作要主动适应这种变化，创新学生管理工作的思路。要正确认定学校与学生之间的关系，正确认识和对待高校学生的权利意识，积极引导和培养学生正确的权利意识观念，让学生参与权利维护的实践和讨论，在行动与思考中成熟。

当前的大学生对自我权利意识有着较为自觉的认识，并且将其作为个性张扬、精神独立的重要表达方式。他们对个人利益的保护意识较为强烈，对自己作为教育消费者的身份有着较为清楚的认识，能够从消费者权利角度，主动了解并思考教育消费方面的诸多事情。比如，学费、住宿费等收费是否合理，教育质量是否和教育消费支出相称，等等。对于学校的各项规章制度，他们也常常会发表自己的看法，评论其是否科学合理，并希望通过合适的途径表达自己的意见；他们希望更详细地了解学校发展情况及各项奖惩制度，所学专业的师资队伍建设情况及就业前景等。这样的维权意识能够推动学校更好地调配使用教学资源、更谨慎地建设并管理师资队伍，使校园管理更为科学化、人性化。

　　善于积极表达权利意识。据了解，当代青年学生已经不满足于仅仅停留在自我权利意识的觉醒阶段。作为希望接受优质教育的年青一代，他们更加关注如何将自己的权利意识通过更为合理、妥当的方式表达出来，并最终获得实现。他们希望通过高效直接的途径，促使学校管理者能够从学校制度建设方面切实保障其各项正当权利，但是，他们仍然存在许多模糊不清权利意识认识，表达方式易冲动。由于大学生自身年龄、知识视野狭窄等因素影响，他们自身的权利意识仍存在模糊不清的认识，他们有时会片面地夸大自身的权利却忽视义务或一味地抱怨学校仍存在的某些问题，却不能够积极地以主人翁的态度配合学校管理层做出应有的努力。因此，这就要求高校学生管理者不仅要尊重学生法律赋予的权利，更要警惕学生思想中因年轻而暴露出的片面化、极端化的倾向，正确引导、教育学生，实现学生成长和学校发展的共赢。

三、"以人为本"高校学生管理模式的特征分析

　　以人为本的高校学生管理模式较传统的管理模式主要有以下几方面的特点。

（一）"以人为本"的高校学生管理模式注重学生的全面发展

　　以人为本的高校学生管理指的是以学生的发展为高校工作的出发点和落脚点，一切为了学生，使学生在德、智、体、美等方面全面发展，所以从管理的目标上来看，以人为本的管理模式更注重学生的全面发展。

传统的管理模式把实现班级和学校目标、维护班级和学校利益作为最重要甚至是唯一的目标和归宿。人本管理在关注组织目标和组织利益的同时更加注重学生的成长与全面发展、个性化等问题，它认为学生管理的最终目标和归宿在于促进学生健康成长，在于培养具有独立的、鲜明的、多元化的个性的人，在于促进人的全面发展，实现教育目标等，而不是生产统一的、服从的、标准化的人才。

（二）"以人为本"的学生管理尊重学生的主体性

主体性，从根本上说，就是人（主体）区别于客体（自然）而有别于动物的基本属性。那么怎样才能体现人的主体性呢？马克思主义认为，只有体现在人同客体的相互作用中所表现出来的自主性、能动性、创造性才是人的主体性的特征表现。学生在学校中的主体性，正是通过"三性"（自主性、能动性、创造性）而表现出来的。

传统的管理模式认为规章制度是神圣的，是学生管理的中心环节，没有规矩不成方圆，制度是管理的保证，制度是铁定的、不可通融的，制度面前人人平等。反映在学生管理中就是实施"管、卡、压"的手段，这种管理方法实际上忽视了学生是一个具有自主性、能动性、创造性的主体。

如果学生管理离开了学生的积极参与，再好的管理制度也不会取得好的成效，也就是说，要取得良好的学生管理成效，必须调动学生参与学生管理的积极性，尊重学生的主体性。尊重学生的主体性就要求我们对学生管理时贯彻"导之以行，晓之以理，动之以情"的原则。

人本管理对学生的管理，既可以通过制定、实施一系列的规章制度和管理措施来指导、约束、控制、规范学生的行为，也可以通过对环境的影响力和教育的影响力，对学生的管理产生潜移默化的影响。但这些只是影响学生管理的外部因素，外部因素只有通过学生的自觉性和积极性等内因才能为学生自觉地接受，在主观上加以认识和理解。因为学生管理不可能把社会的思想意识、行为规范简单地直接移植到学生个人身上，而是让学生在管理过程中能够自我反思、自我教育、自我激励，使学生树立自强、自立、自律的观念。以人为本的学生管理的对象是人，所以学生管理活动的实施对象是有思想、有独立人格，主动性、自主性和主观能动性的不断成长、发展着的人。每个学生都具有自己独立的人格、尊严和个性的需要。所以以人为本的学生管理是围绕激发和调动学生的主观能动性为核心的，尊重和发扬学生的主体性。并且以人为本的高校学生管理尊重学生、理解学生、服务学生、相信学生，最大限度地发挥学生的主动性与创造性，强调学生是学生管理的主体。

（三）"以人为本"尊重学生的个性发展

个体性是指个体在自然素质（又称遗传素质）的基础上，通过个体的活动、接受教育和社会环境的影响而形成的有个体特质的心理特性的总和，个体性具有先天性、差异性、社会性和可塑性等特征。个性发展的核心是自主性和创造性的发挥。

传统的学生管理忽略了一个明显的事实，那就是学生是一个不断成长发展着的人，是一个由个体性的人向社会性的人的发展成长过程。这就导致在学生管理工作中许多教师总喜欢学生循规蹈矩，唯命是从，不能容忍学生的缺点，一旦学生有某些不规矩的地方，便采取一些强制性的教育手段，不仅方法粗暴，而且收效甚微。这种管理模式追求"齐步走""整齐划一"，对学生个体之间差异和个性特征重视不够，因而造就出来的学生都是"千人一面"，缺乏创新性的思维品质，无法适应时代发展的要求。

现代社会既为人的个性发展提供了极大的可能性，也对人的发展提出了更高的要求。现在培养的学生除了应当具有扎实的基础知识和较强的实践能力以外，更要有全面优良的素质和适应社会变化的能力。这就意味着一个人不仅要有强烈的事业进取心、社会历史使命感和责任感，有丰富的想象力、深刻的洞察力和科学精神，有正视挑战，参与竞争，关心他人，合作共事的优良心理素质，而且要有自觉、自主、自强、自信、进取、创新的能力。人本管理思想坚持面向全体学生，为全体学生的全面发展创造相应的条件，但却不是千人一面，而是多样性的因材施教的教育。在全面发展的基础上，注重培养学生的个性特点，不拘一格育人才，最大限度地调动学生学习的积极性和主动性，引导他们主动地去认识自我、反省自我、寻求真理、完善人格，把自己塑造成为具有鲜明的个性特征和良好素质的社会主体，形成人才辈出、群星荟萃的局面。在学生工作中鼓励学生多出头、敢出头，充分地发挥学生的专长。这种模式充分地尊重学生的个体理性，使其能够自主地为自己确定目标，并为实现这些目标而选择合适的手段，充分地满足学生自己的需要。

（四）"以人为本"的高校学生管理体现因材施教的原则

"因材施教"是我国古代一条重要的教学原则，是孔子在长期的教学实践中创立的。宋代学者朱熹把孔子这一思想概括为："夫子教人，各因其材。""因材施教"强调教师在教育学生时，应该根据每个学生的具体情况和特点，如能力、性格、特长、原有基础等，提出不同的要求，选择适当的教法，给予受教育者不同的教育，以促进学生的发展。

"因材施教"强调的是教师依据学生的个性特点进行教学。但是在实际的教学工作中，许多教育工作者没有正视学生的主体地位，仅仅把学生当作教学的对象，只看到学生受动的一面，而没有看到学生能动的一面，压抑了学生在教学过程中的主动性与积极性，束缚了学生主体性的发展。这种现象体现在现实实践中就是表现出专业设置过细，培养目标单一，教学计划和考核评价标准注重共性和统一，一刀切。受这种传统观念的影响，学校开设什么专业，学生就学习什么专业；学校开设什么课程，学生就学习什么课程，学校安排什么样的教师，学生就听什么教师的课。这样下来，学生完全处于从属、被动的地位，个性发展根本得不到尊重，由此导致学生视野和思想不够开阔，专业素质不高，创新意识和创新能力较弱，难以适应社会和个人发展的需要。

"以人为本"主张"人本位"，强调"学生第一"的办学理念。现在许多大学在办学的过程中就进行了一系列的改革。如实施学分制管理模式改革，学生可根据自身的情况提前毕业或推后毕业；制定了第二专业、辅修专业、第二学位的学籍管理规范，建立了具有约束机制的淘汰制度，并在此基础上试行了学生入学一年后转专业制度；实施了学生先选课，教务再排课制度，赋予学生更大的选择权和自由空间，增强了学生的主体意识；大力开设跨院（系）选修课，放开学生选修范围，鼓励学生在全校范围内任选课程。还有一些高校，为充分利用地源优势，鼓励学生跨院校选课，实现校际教育资源共享；一些学校还实行学生选教师制度，某门课程达不到规定的上课人数，该任课教师将被取消任教资格。这些措施的陆续出台和实施，满足了学生个性发展的需要，尊重了学生的主体性，展现了因材施教的原则。

（五）"以人为本"强化学生管理的服务意识

传统的学生管理模式所注重的是管理者的优先地位，强调个体对群体的服从，忽视了学生的主体地位和学生的权益，它往往把学生作为规范和约束的对象，要求学生的行为符合社会规范和学校的要求，以"不出问题"作为管理的目标，不注重学生个性和创造性的发挥，忽视学生自由而全面的发展，这种管理模式既不适应目前高等教育所面临的新形势，也不利于强调创新精神的素质教育这一人才培养模式的构建。

《中华人民共和国高等教育法》（以下简称《高等教育法》）明确规定，教育属于第三产业，即服务行业。高等院校既然属于服务行业，就要努力增强服务意识，提高服务质量。在现代市场经济社会中，有不少学者把学生和学校的关系比喻为买方和卖方的关系，即学生作为消费者进入学校，有权利要求管理者提供给他所真正需要的服务。所以，学生管理工作者必须正视学生的这种权益意识，在给学生提供图书资料和网络信息、社团活动和文化体育娱乐、生活和就业指导等诸多方面的服务时，充分尊重学生的主体地位，注重学生个性和创新性的发挥。

当把学生理解为买方，特别需要注意的是他们的特殊性，他们在身心方面都还没完全成熟，缺少人生的经验，需要学生管理工作者给他们提供一种特殊的成长服务，成长服务包括心理咨询、世界观、人生观和价值观的指导，个人潜能发展的引导以及个人权益的维护等。这就要求学生管理工作者具有一种高度的责任心，为学生的发展所必备的独立人格、人文素质、正确"三观"和创新精神的塑造与培养提供帮助，这样体现了"人本位""学生第一"的办学理念。

四、构建"以人为本"的高校学生管理模式

（一）重新认识和理解学生的本质

高校学生的管理工作，不管是制订工作计划还是安排工作任务，或是选择管理的形式和内容都离不开对学生的了解，离不开对于学生遇到的问题的思考。我们知道，每一个单独存在的个体都有自己独一无二的具体的需求。当然，个体的不同需求并不是孤立于整体而存在的，他和整体之间存在着必然的联系，二者相互影响相互作用。在高校学生管理的整体中，学生作为一个独立的个体，他对于周围环境的感受，对于自己在学校的位置，对于高校学生管理产生的效果都会产生影响。如果不重视对这些要素的认知和把握，高校学生管理就会失去活力和存在的价值。所以学生的个体情况必须引起我们的重视，重新认识个人需求在管理中的重要性，认识到个人需求是不断发展变化的，只有这样高校学生管理才可以明确目标，逐步改善，进而实现高效管理的期望。

（二）高校的管理方略要以学生为中心，鼓励学生开展自我管理

要将这一模式贯彻下去学校必须做好充分的准备，具体要做到以下几点：首先，努力创作宽松、和谐的校园环境，营造学生自我管理的氛围。为学生提供优良的文化环境是高校的责任也是实现学生自我管理的基础。对于可以对学生产生深远影响的同时学生也对其产生影响的校园文化环

境，高校必须引起足够的重视。学校的文化环境应该尽量宽松，使学生可以自由地成长并且可以弘扬学生的主体精神。其次，对于现存的学生管理结构进行改革，创立学生自我管理制度。作为自我管理的主体，要求学生要充分发挥自身的创造性和责任感。成立专门的机构为学生自我管理的正常开展提供保障，并且保证学生自我管理形成制度化和常规化。

（三）实现学生管理方式的不断创新

高校的学生管理方式是否科学和合理，对于学生的发展和培养起着关键的作用。因此，高校的学生管理要注意以下几点：首先，重视教师的作用，关注其对于学生的潜在影响。在人本主义心理学看来，讲道德的理念教育与实践相结合，将其融合在日常教学活动中是最好的道德教育方式，有助于学生在不知不觉中完善自己的人格。其次，采用合理的教育方法和形式，使其与教学目标和内容相适应。结合大学生的心理特点和认知能力的特征，关注学生的真实生活体验，从他们的体验出发去帮助他们完善自己的价值观、人生观和世界观，帮助他们学会思考和判断，具备独立生存的能力。同时要发掘学生的优势和自身的管理能力，促使他们在自我管理中培养和提高自身的综合素质。

第六节 目标设置理论下的高校学生管理模式

在高校中，辅导员是学生管理工作的组织者、实施者和指导者，是从事学生管理工作的一线人员，辅导员与学生走得最近、接触最多，辅导员对学生了解最多、影响最大。所以，辅导员的管理思想和管理方法直接影响着高校整个学生管理工作的质量和水平,只有将目标管理理论应用到辅导员的日常学生管理工作中,才能指导工作实践,不断提高高校学生管理工作的质量和水平。

一、目标管理理论的特点

目标管理理论是由美国管理学家彼得·德鲁克根据目标设置理论提出的目标激励方案,目标管理是企业组织或管理者运用激励机制的作用,以组织目标的设置和分解、目标执行过程中的跟踪控制、目标执行成果的奖惩为主要手段,把组织目标转化成被管理者的目标,通过员工的自我控制、自我管理来实现组织经营目的的一种管理方法。目标管理理论主要有以下几个特点。

1. 目标管理不是对目标的管理,而是通过目标实现管理。

2. 变"压制式"管理为"参与式"管理。德鲁克认为,组织必须将自己的目的和任务转化为目标,管理者和被管理者必须一起制定组织的总目标,然后将总目标分解为各职能部门的分目标。在目标的制定和分解中,必须全员参与,重视被管理者的主体地位,被管理者在其中有充分的发言权和自主权。

3. 让员工自己管理自己,变"要我干"为"我要干"。目标管理理论认为,个人目标和组织目标是统一的,完成组织目标就是完成个人目标。在目标实施阶段,它强调:管理者必须下放权力,充分信任一线人员,发掘员工的工作潜力,使他们进行自我控制、自我管理,独立自主地完成各自的任务。在目标成果评价阶段,它强调:每个管理人员和员工完成的分目标就是他们对组织的贡献，成果评价和奖惩必须严格按照每个人的目标完成情况和实际成果大小来进行，以激励其工作热情，充分调动员工的工作自主性、积极性和创造性。

二、高校学生管理工作困境呼唤目标管理

高校学生管理工作与目标管理理论的有机结合，是由目标管理理论的特点和高校学生管理工作的困境决定的。

在高校，辅导员的学生管理工作一直面临着两大困境：一方面，辅导员和学生朝夕相处，与学生之间建立了密切的关系，从入学环境的熟悉，到生活上琐碎事情的解决，以及专业学习的咨询，学生有事就找辅导员。所以只要与学生沾边的事情辅导员都要去抓、去管，这种工作现状常常致使辅导员的内心处于一种矛盾状态：自己的工作职责究竟是思政教育还是学生管理？还是两者兼而有之？如果两者兼而有之，那么日常工作的重心该如何权衡？这种矛盾心理会在实践中严重影响辅导员的工作效率和工作水平。另一方面，在高校学生管理工作实践中，专职辅导员的师生比设置不低于1∶200，再加之学生事务的琐碎，所以辅导员的工作量很大，工作任务也较繁重，在这种情况下，如何保证学生管理工作的质量和水平又成为辅导员面临的另一困境。

三、目标管理在学生管理中的具体运用

第一，确定目标管理的推行范围。确定目标管理的推行范围，就是选择目标管理的推行受众。高校学生管理工作实践表明，大一学生是目标管理最适合的推行受众。与其他年级学生相比，大一学生有一个明显的

特点，那就是他们在各个方面（如学习、交友、工作、对未来的期望等）的积极性和热情都要明显高于其他年级。而且有一项研究表明，较其他年级学生，大一学生的各个目标设置水平都要偏高，这些目标包括学习目标、社交目标、社会责任目标以及未来发展目标等。这主要是因为大一学生都是刚踏进大学校门的新生，他们对大学生活充满了各种期望和设想，他们的世界观、人生观和价值观还都处在理想和现实的边缘，所以，大一学生的特点决定了他们处在目标教育的关键时期，是辅导员进行目标管理最恰当的推行范围。具体推行过程中，辅导员应该采取分班级渐进式推行。

第二，加强对学生的宣传和教育。宣传和教育的目的是让学生对目标管理有充分的了解，为后续目标管理的顺利进行打下基础。在这一阶段辅导员需要做以下几点工作：一要对传统的班级管理干部即班委的成员和结构稍做调整。班委成员的确定原则是简洁高效，班委的组成结构是三级制，班长、团支书下设学习委员、宣传委员和组织委员各一人，然后下设各学习小组组长，学习小组以宿舍为单位组建。二要明确宣传教育的主要对象。虽然大一学生都是辅导员宣传教育的对象，但宣传教育的主要对象应该是班干部，因为他们能否正确理解和执行目标管理对其他学生理解和执行目标管理具有重要的影响。三要明确宣传教育的内容。宣传教育的主要内容是"什么是目标管理"以及"如何具体执行目标管理"，教育重点是让学生清楚目标管理较之传统管理的优势，让学生明白目标管理与他们自身学习发展的关系。四要选择合适的教育方法。宣传教育要层层推进，责任到人。辅导员对班干部要进行重点培训教育，对全体学生可以采取讲座或印发宣传手册的方式进行。同时,各班班干部要采取班会、板报等形式对本班学生进行有针对性的宣传教育,学习小组组长要负责对本小组成员的宣传教育。

第三,师生共同制定发展目标。目标的制定过程是师生互动的过程,在这个过程中,辅导员需要注意以下几点。

1. 目标一定是学生自主制定、自愿执行的。

2. 目标包括长期目标和短期目标。长期目标是短期目标实现的结果,短期目标是根据长期目标制定出的分阶段目标即学期目标。

3. 辅导员要充分发挥引导作用。辅导员要向学生不断地进行政治目标、职业目标以及专业目标等关于大学生自身发展目标的教育,并通过问卷、班会、个别交谈等形式,了解学生的情况,了解学生的意愿、志向,帮助学生分析,引导学生"设计"自己的前途:我要成为具有怎样的素质和道德修养的人(思想道德发展目标)?成为具有怎样的智能和专业素质的人(专业发展目标)?成为具有怎样的身体素质和心理素质的人(身心发展目标)?

4. 师生共同制定出的目标要具备三个特征:一要可量化,目标数量不宜过多,并有轻重缓急之分;二要具体化,特别是短期目标;三要有可行性,目标不能好高骛远;四要有适度挑战性。

第四,控制目标执行过程。目标制定后的关键步骤在于践行。在这一阶段,辅导员和班干部要做好过程控制工作,即做好目标执行过程中的监督、检查和调整工作。过程控制的首要目的是及时发现并修正目标执行过程中的偏差,同时要重点帮助特殊群体,鼓励学生持之以恒。为做好过程控制工作，辅导员要充分发挥班干部特别是学习组长的信息桥梁作用，及时、全面地掌握学生目标执行动态，定期召开动员会、交流会，并做实月汇总、月考核、月反馈工作。

第五，考评目标执行结果。目标执行结果的考评是一个总结、评价与反思的过程。它既是本轮目标管理的终点，又是下一轮目标管理的起点，发挥着承上启下的重要作用。这一阶段辅导员需要把握好三点：一是考评的奖惩标准一定是事先和学生共同商定的，辅导员不能随意更改；二是考评工作一定要及时做，否则其激励作用就会大打折扣；三是考评的目的不是简单的奖优惩劣，而是要实现学生的成长、进步，所以对于目标执行结果不理想但在目标执行过程中态度端正、积极要求上进的学生，也是我们奖励的重点对象。

第四章 大学生奖励与资助工作管理

第一节 大学生奖励制度概述

一、高校大学生奖励制度基本特点

奖励制度是激励机制中最为基本和主要的形式，是以素质教育为基础，围绕服务大学生为中心，通过行之有效的教育管理引导手段，实现其国家高等教育培养目标的战略计划。高校大学生奖励制度即高等院校中的教育管理者运用各种刺激手段，满足学生的心理需求，继而激发学生的主动性、积极性、创造性，使之形成内在动力，引导学生按照国家教育高等人才的方针政策和高校培养人才的期望目标前进的教育管理制度。高校大学生奖励制度是提高大学生思想教育和管理工作效果的一种强有效的体系和制度，其本质就是使高校大学生由被动变为主动地按照国家教育方针政策进行个体塑造。对于奖励制度来讲，高校大学生奖励制度有其自身的特点。大学生是特殊群体，在高校大学生奖励制度的运行过程中，势必呈现出自身的特点。

（一）从时间上表现为持续性

高校大学生奖励制度具有持续性。高校大学生奖励制度具有效能持续的特点，从受奖励个体的优异表现得到奖评认可时刻起，受奖励个体的内心积极性和满足感会达到顶点，通常这种荣誉会使受奖励个体为证明自身的榜样价值而再接再厉，根据个体差异，这种效果会一直持续或是逐渐减弱。而在一般情况下，受奖励个体会以同等或更高标准来衡量个体本身，追随或超越个体的优秀表现，甚至当荣誉被替换时，也会以身作则，不辜负曾经的认可，以此来证明个体的榜样价值，为此后保持荣誉和再次被奖励做出最主动、最积极的竞争姿态。

（二）从广度上表现为辐射性

高校大学生奖励制度具有辐射性。高校大学生奖励制度具有辐射性的特点，主要表现在两个方面。其一，受奖励个体自身由点奖励辐射为线奖励的期望值增高。一个方面受到了奖励，个体会希望不仅仅受到单一方面奖励，还会对多重奖励产生期许，会产生一种不仅在这方面表现优秀其他方面也要树立榜样的效应，继而增加受奖励个体的积极性。其二，我们应该肯定的是，受奖励个体在群体中无限的榜样力量，会带动一部分人的积极性。奖励一小部分人，鼓舞一大部分人，刺激学生的竞争和渴望心理，从而大大地增加群体的主动性和效仿性，增加奖励制度的效能，从而有力地推进全面人才培养目标，这也与我国素质教育培养高等人才的方针政策相吻合。

（三）从主体上表现为权威性

高校大学生奖励制度具有权威性，这是由实现奖励工作的必然条件决定的。高校奖励制度之所以具备权威性，是由大学权威性牵引的。大学是在一定的历史和社会背景下，凭借国家、社会赋予的教育权力产生的，而高校权威则是教育得以实现的基础和保障，它是影响和改变大学生心理、行为的一种支配力量。其实无论哪一种奖励，国家政策性的、学校自发行为、企业还是社会组织，对于高校大学生来说都具有权威性，使之对结果不容易产生怀疑，同时会对受奖励者带来足够的心理需求。

（四）从目的上表现为能动性

高校大学生奖励制度具有能动性。高校大学生奖励制度的培养对象即大学生，高等教育与非高等教育的教育方式的不同就在于由传统的言传身教模式逐渐向自学转变。独立探索、独立钻研成就人才，高等学校的教学任务则更偏向引导。这就要求大学生在大学学习生活期间要高度发挥个人的主观能动性，而高校大学生奖励制度最大的特点恰恰是充分调动学生的能动性，提高大学生自我认知和自我改造能力，是挖掘大学生自主学习、自主创新、自我完善的主要机制。通过科学的竞争机制，大学生的内在潜力得以发挥，主观能动性被调动，这有利于实现高校引导管理的根本目的。

（五）从效能上表现为流动性

高校奖励制度具有流动性，这是由奖励制度的效能决定的。奖励制度的机制运行，会在高校中形成你追我赶的竞争局面，同时也是借助高校奖励制度这个平台，发挥每一个学生各方面的优势，使他们积极参与，共同推进高校工作的快速稳定发展，为学校教育教学工作和广大学生全面发展服务。所以，奖励的对象不可能也不会是恒定的，学生要想使流动的奖励对象变得固定化，势必要加倍努力，奖励必定会在更为突出的个体中实现。这就与奖励制度的目标相一致，奖励制度的流动性是在奖励制度公开、公平、公正的原则上实现的。

二、高校大学生奖励制度的分类

高校奖励制度按照其自身性质和特点有其分类。剖开奖励制度的外表，全方位分析归纳奖励制度的内核，以分析和把握大学生的需求，更好地推进奖励制度改进，饱满奖励制度设立环节和评定结果。

（一）纵向上分为物质奖励和精神奖励

根据奖励的方式、载体，从纵向来看，高校奖励制度分为物质奖励和精神奖励两种。这也是奖励制度的一般分类形式。物质奖励，即能够满足人的生理需要的奖励，包括奖金、奖品等。精神奖励，即能够满足人的心理需要的奖励，包括奖章、奖状、嘉奖等。物质奖励和精神奖励是高校奖励制度的两种基本分类，也是高校教育者关于学生思想工作的基本方法，必须正确理解和把握这两种激励方法。马克思主义认为，人的需要是驱使人从事劳动创造活动的最终动因。而奖励的目的就是要肯定人们的正确行为，满足人们的需要，这样才能调动人们行为的最大积极性。由于人是物质和精神两者的统一体，人们所产生的需要既有物质方面的内容也有精神方面的内容，所以可以说各种各样的需求也无外乎物质需求和精神需求两种，正因为如此，奖励分为物质奖励和精神奖励。物质奖励和精神奖励是辩证的、对立统一的关系，物质奖励是精神奖励的物化，精神奖励是物质奖励的升华，二者相辅相成，缺一不可。物质奖励中包含着精神奖励，精神奖励也离不开物质奖励。单讲物质奖励不讲精神奖励，有可能暗示人们放弃精神追求，从而形成物化主义、急功近利的风气；但如果只注重精神奖励，而不注重物质奖励，则又可能引导人们纸上谈兵、不务实际。因此，在实际工作中应该把物质奖励和精神奖励合二为一地看待，用一方面肯定另一方面，用一种形式肯定另一种形式，力争用辩证唯物主义观点，实事求是地对待物质奖励和精神奖励。

（二）横向上分为多元奖励

根据奖励的结构、需求，从横向上来看，高校奖励制度可以分为个人奖励、集体奖励、学习奖励、精神文明奖励、艺体奖励、卫生奖励、贫困学生奖励、校级奖励、社会奖励、省市级奖励、国家奖励、跨国奖励、全面奖励及特殊奖励，等等。各种横向奖励是遵循国家高等教育政策的方针和原则，并结合和发扬自身学校特点所决定和设立的。高校思想教育者不仅要重视国家级奖励和学术奖励，也要重视基层奖励和非学术奖励。这不仅是因为高校秉承着素质教育的出发点和落脚点，同时马克思主义认为，要注重量变，量的积累才能有质的飞跃，坚持两点论和重点论的统一，高校奖励要注重百花齐放和特色发展相结合的工作方法。无论是哪一种横向奖励，都是从一个方面或是全方面考察和评定个人或集体的优异成绩，并且按照高等教育的实时发展而更加科学全面。

三、高校大学生奖励制度的意义

高校大学生奖励制度是通过一套理性化的制度来反映激励主体与激励客体相互作用的方式。高校大学生奖励制度的构建是以制度化建设为基础，以大学生为中心，以大学生的发展为主线，以培养大学生的主体性为目的。作为一种高效的管理机制，它势必会产生深远的教育意义。

（一）提高高校管理者教育引导效果

奖励制度是高校管理机制中行之有效的一种引导教育的方式和手段，思想教育者的工作重点就是要教育引导学生沿着预设目标方向不断发展。奖励制度可以说是一条快速绿色通道，用激励的方式达到育人的目的，彰显高校教育管理活力。

1.有利于高校教育资源优化配置

高校大学生奖励制度作为教育资源，具有导向性。充分发挥高校现有的教育资源，合理利用和控制教育的投入，以提高教育资源利用率，培养优秀人才，全面贯彻教育方针。

2.有利于提高教育管理水平

高校大学生奖励制度作为高校工作管理的一种手段，其高效科学运转需要高校各个制度、规定形成一个相互交织、共同协作、环环紧扣的链条，高校管理者对其进行宏观调控。奖励制度的推进可以为管理者提供快速有效的学生工作管理依据，提高学校的管理水平，促进学校管理的科学化、合理化，提高教育质量，增加教育效果。这必然会推动学校管理者尊重教育教学规律，不断总结经验，改进教育教学管理工作。

（二）创造自我激励的良好校园氛围

高校大学生奖励制度的目的就是用对成绩优异学生的奖励制度实现高校的有效管理。这有利于培养学生积极探索的学习精神，求实务实的科学态度，勇于开拓创新的竞争意识，严肃认真的治学风格，团结友爱的协作作风和营造良好的校风学风。在这种良好氛围的引导下，受教育者受到教育、影响和洗礼，加之奖励工作的进行、激励效能的辐射，使受教育者形成自我激励的学习情绪和主动进取的积极性，并且稳定持续地发展下去，良好的外因与积极的内因相融合，有利于学生的长远发展。

（三）适应精英教育向大众教育融合转变

素质教育要求我们全面培养多方面高素质人才，这里全面不仅指的是教育的深度，也包含了教育的广度。奖励制度的完善，让表现突出的学生得到应有的奖励，其他学生也能发挥所长，让精英教育与大众教育相融合，二者齐头并进，沿着国家制定的教育方针政策之路奋勇前进，对于大学结构的发展和完善，具有深远的意义。

第二节 高校大学生奖励制度现状

我们国家一直以来都十分重视高校大学生奖励制度的建立与完善，以不断地适应政治经济社会的全面发展。高校大学生奖励制度作为我国高等教育制度的内在组成部分，它既是当代大学制度不可缺少的内容，也是加强我国高等教育质量不可或缺的手段，更是培育优秀建设者和可靠接班人的坚实制度保障。

一、我国高校大学生奖励制度的发展

中华人民共和国成立伊始，我国高校大学生奖励制度在继承以往制度的基础上做出了巨大的革新，不断发展、曲折前进，这一过程并不是一帆风顺的，它经历了初步形成、陷入低谷、复苏发展的历史进程。十一

届三中全会以后，我国高等教育开始不断地进行自我修复和重建，在这一过程中也不断寻找科学、先进和完备的高校大学生奖励制度与奖励模式。随着高考的恢复，高等学校必须保证有正常及健全的奖励制度与规章来予以维护，这一时期我国高校大学生奖励制度发展的主题即改革已有的高校大学生奖励制度，在实践中不断探索与完善各项规章制度以适应高等教育及其奖励制度发展的新形式。1983年《全日制普通高等学校学生学籍管理办法》中首次对高校大学生奖励制度进行了全面系统的规定。例如，对德、智、体全面发展或在思想品德、学习成绩、身体素质某一方面成绩优异的学生，可分别给予"三好学生"称号或其他单项荣誉称号；奖励以精神鼓励和物质奖励相结合、以精神鼓励为主的办法。表扬和奖励的途径有：口头表扬，通报表扬，颁发奖状、证书、奖章、奖品或设置不同等级的奖学金等。伴随人才强国战略的出台，党和国家制定了诸多有关高校大学生奖励工作的制度章程，形成了以《高等教育法》和《普通高等学校管理规定》为基础的中国特色社会主义高校大学生奖励制度体系，为我国深化高等教育奖励制度、加强和推进大学生思想教育、推动大学生全面成长提供了重要理论依据。习近平总书记也指出，办好中国特色社会主义大学，要坚持立德树人，把培育和践行社会主义核心价值观融入教书育人全过程；强化思想引领，不断改革和完善高校体制机制。所以，随着时代发展和高等教育新变化，现行高校大学生管理制度面临新的挑战，需要新的思路和新的规则。

二、高校大学生奖励制度存在的问题

随着大学生思想特点和价值取向上的显著变化，高等教育奖励制度势必呈现出一些不足之处，客观理性地分析这一机制在运行中存在的不足对完善和创新奖励制度尤为重要。高校大学生奖励制度的最终目标是为贯彻我国教育培养人才战略的最高指示。目前，高校大学生奖励制度体系章程结构不合理，阻碍了高校人才的资源配置，破坏了优胜劣汰机制和良好的竞争环境，降低了教师和高校制度管理者的甚至是高校本身的威信。高校大学生奖励制度评选过程不严谨，出现有悖于高校健康、有序、高效运转的现象，降低了高校科学发展水平，减少了高校科研项目成果的涌出。随着我国经济的不断增长和高等教育的改革发展，社会转型期的大学生在思想特点和价值取向上的新变化显著，结合当前大学生对我国高校大学生奖励制度的认同程度，我们发现现有的奖励制度呈现出一些问题。作为思想教育工作者，深化对高校奖励制度的认识，客观理性地分析这一机制在运行中存在的问题，才能进一步完善和创新奖励制度，大大地提高教育管理的实效。

（一）奖励体制不健全，奖励制度建设落后

目前，从外部看，高校大学生奖励制度还没有完善的法规可以依据，可以参照的国家制定的高等教育奖励原则也不完善。从学校内部来看，评奖工作的管理体制不顺，条块分割、奖励制度建设落后，学校缺乏奖励工作的综合管理，奖励工作不规范，奖励规模过大或过小，奖励标准过高或过低。高校大学生奖励制度不仅仅是某一个部门的责任和工作，它是整个校园网络全局的结果。落后的高校大学生奖励制度建设，成为高校大学生奖励制度机制运行的一大阻碍。

（二）对奖励制度的认识存在误区

对于受教育者来讲，对奖励工作的认识存在着片面性。主要表现为：首先，高校大学生奖励制度大大增加了学生之间不平等竞争的机会。部分学生认为，在目前我国校园生活、学习中，已经出现了学生之间的不平等，而高校大学生奖励制度，则大大增加了这种不平等，严重挫伤了学生学习的积极性和主动性。他们认为，高校大学生奖励制度只针对"好学生"，致使成绩好的越来越好，差的越来越差，中低流学生年年都是"绿色衬红花"，甚至还会认为奖励对象都是"铁打的"或者是一些"关系户"，自己可能被奖励制度拉入了黑名单，连门槛都看不见，不如随意发展。其次，高校大学生奖励制度促使学生之间互不信任、盲目攀比。高校大学生奖励制度是建立在竞争机制之上的，也就是说，没有"海选"，哪来的"冠军"。高校大学生奖励制度的效能之一的确能使得学生之间形成你追我赶的优良氛围，大力激发学生要求进步的主动性，但那是建立在互帮互助、团结友爱的基础上的。而一些急功近利的学生则表现出了盲目攀比的心理，把受到奖励作为自己在大学生活、学习的出发点和归宿，对同学的请求不理不睬，对自己的些许成绩守口如瓶，只为"排除异己"，独放异彩，甚至世界观、人生观、价值观严重扭曲。最后，不能正确处理物质奖励和精神奖励之间的辩证关系。无论是重视物质奖励，还是重视精神奖励，都是犯了唯心主义和形而上学的错误。有的学生认为，我努力为的就是能得到一些奖金或者物质奖励，能让我实实在在看到自己努力的结果，把成果牢牢地抓在手里，精神奖励对于我来说无所谓。有的学生认为，我奋斗为的就是能让我名声大噪，让大家都了解我的优异表现，我会感到非常光荣，物质奖励对我而言如"粪土"。他们割裂了物质奖励与精神奖励的辩证关系，把二者对立了起来。其实，精神奖励要用物质做载体，物质奖励要用精神去传播，二者从未分离，只是表现形式有所不同。这也是目前我国高校大学生奖励制度逐渐向多元化发展的原因之一。

教育管理者对高校大学生奖励制度的认识也不够全面，受教育者已产生一些狭隘的竞争观。教育管理者只是把奖励制度当作一项任务来完成，国家怎样制定，学校就怎样制定，全程照办甚至全程照搬，无须顾及其他，而对于奖励制度是否发挥其最大效能，更是无人问津。教育管理者对于奖励制度想法的片面及态度的疏忽，导致奖励制度未能完全体现出它在高校管理体制上的优势。

（三）奖励方法不当，奖励过程模糊

1. 奖励随意性突出，缺乏民主程序

我国目前奖励工作往往只重视下达奖励指标，完成奖励工作任务，是否做到公开、公平、公正，无人知晓，随意性突出，民主化程度不够。高校大学生奖励制度的流程可以大致归纳为：制定—评选—通知—奖励。受教育者在奖励工作中完全处于被动状态，有些高校的评奖工作完全是封闭的，甚至是说你行你就行、说你不行怎样都不行的"暗箱操作"评奖方式，让受教育者一头雾水。有些高校在奖励过程中没有严格按照有关法规和政策进行奖励工作，没有按程序办事，导致奖励制度失去严肃性和权威性。此外，在奖励过程中没有走群众路线，没有广泛地征求学生的意见，没有民主评议，该评奖的没有评奖，不该奖励的反而被奖励，有奖励项目无人达标时硬评。久而久之，失去了奖励原有的效能，甚至

产生负面影响。

2. 奖励滞后性突出，缺乏最佳时机

在高校大学生奖励工作中，不同程度地存在奖励不及时的现象。正如战斗有战机，经商有商机，同样，奖励也应有它独特的时机，时机把握不好，不仅达不到激励的目的，还会削弱了激励的效果。一部分奖励项目是在期末或者一段学习时期统一奖励，这种"迟到的祝福"似的奖励，会让学生觉得画蛇添足，失去了奖励的意义。"赏务速而后有劝""过时而赏与无赏同"，及时的奖励，才能达到奖励的效果，迟到的奖励和不奖励往往在效能上呈相同的趋势。因为奖励与被奖励的行为之间间隔时间越长，二者的关系就越模糊，奖励的有机效能就越弱。及时地给予奖励，才有利于强化学生的进取精神，形成良好的校园风气。

高校现行的大学生奖励制度通常是将上一学年学生的优异表现评定出结果并在既定的时间发放奖励，也就是说，无论下一学年评定出的优秀学生是否努力上进、保持优异表现，奖励结果通常不变，这就出现了奖励静止状态。虽然奖励是对学生上一学年的突出成绩表示肯定，但往往造成学生形成能得一次是一次的心理，断开了奖励制度本身应有的因果联系，使其奖励作用受到限制，未达到奖励应有的效果。

3. 奖励的度把握不当

适当的奖励能够全面激发受教育者的积极性，但过度的表扬只能是夸大事实，引发受奖励者骄傲自满的情绪，严重打击旁人的兴趣，甚至会让旁人认为奖励制度不公平，导致奖励制度产生负面影响。而未达到奖励应有的度，比如一些得来不易的奖励名目，奖励结果可能只有一纸

奖状或是通报表扬，无实际利益奖励的虚奖；或是有一些实质利益奖励，发放的奖学金微乎其微，甚至不及学生做兼职的收入。这样的奖励结果一则让受奖励者认为自身价值没有被得到充分的认同，产生失望情绪；二来让旁人认为这种奖励根本不值一提，丢掉了奖励制度本应产生的激励效能。如果受奖励者的平均期待值和奖励结果成正比，通常奖励效能倍增；如果奖励结果低于受奖励者的期待值，奖励效能便会被大大削弱。

4. 重结果，轻过程

这是高校大学生奖励制度工作中很主要的一种缺失。大家把重点都放在了奖励上，谁得到了奖励，得到了什么样的奖励，而受奖励的过程，教育管理者和受教育者都没有足够的重视。同一个奖励项目，有的学生轻而易举得到奖励，有的学生比常人付出的多几倍，也未能推开奖励的大门。作为公平的奖励制度，我们确实应该奖励达到奖励目标的学生，但个体存在差异，每一个人的能力是不同的，但我们要看到的是，正因为每个人能力不同，对于奖励项目的追求背后所付出的努力也是不同的。在对达标者进行奖励的同时，我们也不能忽视了其他努力付出的学生，这也正是与奖励制度的目的和作用相吻合的。

5. 奖励效能的有机结果发挥不充分

高校大学生奖励基本上分为直接发放到受奖者本人的"神秘"方式、班系院校的集体发放方式、年度重点性表彰大会发放方式几种途径。就算是表彰大会，授奖过程通常也是走走形式，领导颁颁奖，大家合合影，代表发发言而已，没有把奖励制度与良好的校园氛围有机地结合在一起，舆论营造形式枯燥单一，没有起到奖励结果承上启下的关键作用。

（四）奖励内容片面，不注重个性发展

在提倡素质教育的今天，培养新型高素质全面人才，是我国教育政策的出发点和落脚点。然而，目前高校大学生奖励制度与素质教育的核心不能完全吻合，执行过程中出现与素质教育相违背的地方，由此带来的负面效应对学生的成长和今后的发展产生深远影响，同时也使得高校大学生奖励制度的运行和发展受到不良影响。素质教育培养人才的目标在于促进学生在德、智、体、美、劳方面全面发展，它强调学生道德素质、知识累计、能力培养、个性发展、身体健康和心理健康的均衡发展，个体的思想和行为方式得到充分的尊重。在我国现行的教育体制中，思想教育者通常是"重主流，轻非主流"，这在奖励制度运行的过程中表现得尤为突出。其原因在于，教育管理者认为个性化的受教育者往往具有不愿服从、不切实际、不合群的特质，而个体所具有的这些特质往往被教育管理者忽略和抹杀，甚至被冠上了"不良特质"的称号。这些个体不仅不被教育管理者看好，往往还会遭到周遭的排挤和孤立，最终导致其独特的思想和行为得不到尊重和认同，个体失去信心和积极性，消极地面对校园生活和学习。体现在奖励制度中，具体表现在学生但凡要参与奖励竞争，就要在思想和行为上"照虎画猫""照葫芦画瓢"，在这样的"激励"政策引导下，学校成为整齐划一的加工流水线。奖励制度的实施目的在于奖励优异表现的受教育者的同时激励鼓舞旁人来效仿，树立积极上进的榜样，但从素质教育的角度出发，教育管理者还是应该充实奖励制度的奖励内容，注重学生的个性发展。个性，即一个人独特的、稳定的表现在思想、性格、品质、意志、情感、态度等方面不同于其他人的

特质。个性化是所有人的存在方式，个性化即代表着与众不同，代表着创造性，强调个性发展是要使学生的全面发展逐渐完善，具有独立的思想和行为方式，体现在奖励制度的机制中，它遵循求同存异的法则。由此可见，在开展奖励工作时，不能只着眼于学生群体主流的发展，还要充分考虑和兼顾学生个体的差异性，真正做到具体问题具体分析，尊重个性发展，也唯有这样才能算是真正公平、公正的奖励制度。

（五）重物质奖励轻精神奖励

长期以来，我国高校大学生奖励机制的运作方式主要形式就是奖学金。固然奖学金的形式能更好地激励学生，但它忽略了学生对精神层面的追求和需求，同时也忽略了思想教育、精神鼓舞的激励作用，使精神奖励的作用逐渐变小，最终导致不但没有按照奖励制度的出发点和落脚点来做工作，反而在校园中形成了盲目追逐和拜金主义的风气。物质奖励与精神奖励是辩证关系，两者相辅相成、缺一不可，物质奖励是精神奖励的物化，精神奖励是物质奖励的升华，二者密不可分，其具体作用是统一的。奖励的前提是了解人们的需要，作为社会上的人，物质需要必然是第一需要。物质奖励的具象化、直接性必然能引起大部分受教育者的共鸣，因为它实实在在地体现了教育管理者对其人身价值的肯定，看得见、摸得着。单就物质奖励来说，物质奖励的效能渗透着精神奖励，不仅使受奖励者得到赞扬和尊重，其他受教育者也能从中找到努力的方向和目标，坚定奋斗的信心和决心，从这个意义上来讲，物质奖励同时也是一种物化的精神奖励。但是，物质奖励中虽然包含着精神奖励的因素，但物质奖励不能代替精神奖励。正如丰富、高尚、积极的精神生活会充实物质生活的意义和促进物质生活的发展一样，精神奖励虽然不像物质奖励那样具象化，但它仍然能充分地体现受奖者所获得的荣誉。看似精神奖励是无用之物，事实上，是受教育者通过自身努力拼搏而获得成功的标志，是对个体自我价值的最大肯定。唯物辩证法告诉我们，精神一旦转化为物质力量就是最长久的动力源泉。精神奖励的作用还体现在物质奖励无法满足时。奖学金可以拿来贴补生活，物质奖励终究是要拿来消耗的。人们一旦不仅仅满足于物质需求，便会向更高的精神追求转化。马克思主义认为，意识的能动性是有目的、有选择的，它能够知道和控制人的行为。精神奖励所代表的荣誉是至高无上的，它能激发受教育者更大的潜能和积极性，从这一点上来看，精神奖励的作用远远超出了物质奖励。

由此可见，我们不能只强调物质奖励而不讲精神奖励，只注重物质奖励，不注重精神奖励，会形成急功近利、物质主义的风气；同时，也不能不注重物质奖励，只讲精神奖励，因为这样会造成不切实际的奖励制度。"两手都要抓，两手都要硬"，更好地把二者结合在奖励制度的评定过程和结果上，才能稳扎稳打地推行奖励制度。

（六）在学校、家庭、社会之间未形成庞大的奖励系统

素质教育旨在培养受教育者的智商、情商、专业技能、社会能力等，高校培养人才的目标就是走向社会，这就要求毕业生具有较高的综合能力。而目前我国现行的奖励制度大部分只局限于校园内部奖励或者省级国家级奖励，对于家庭中的人格塑造、社会过渡中的能力培养没有充分地衔接，甚至有所缺失。一方面现行的奖励制度流水型地培养单素质人

才，如只要在学校中表现优良，就会得到认可和嘉奖。有的学生在学校是精神文明的标杆，回到家中却是"小王子""小公主"，任性蛮横，根本与校园小先锋形象不符。另一方面，很多成绩品学兼优的学生带着教师的种种期许步入社会，结果却根本发挥不了自身优势，吃尽苦头，甚至被社会淘汰。究其原因，高校大学生奖励制度系统大多只存在于校园内部，社会参与度较低，家庭参与更是寥寥无几。培养全面高素质人才，不仅仅是要从校园生活学习中去"加冕"，更要全面地考虑多方因素，全面考查和培养人才的综合实力，为优秀人才的培养添砖加瓦。

第三节 高校大学生奖励制度存在问题的解决路径

随着我国市场经济的快速发展，政治格局日益变化，大学俨然是国家富强的重要保证，而高等教育的发展、校园的良好运行更离不开高校大学生奖励制度的建立和完善。然而，目前我国高校大学生奖励制度存在一些问题，它甚至已经不能很好地适应当今高校的发展。因此，本节试图从以下几个方面找出解决问题的途径：奖励制度的体制建设方面，是奖励制度运行的有力保障和参考依据；奖励制度的思想认识方面，是奖励制度在思想上的深入准备；奖励制度的评定系统方面，是奖励制度得以长效有机运行的内在因素；校外教育结合奖励制度，是奖励制度更加完善的外在条件；不断拓展奖励制度新思路，是使奖励制度保持动态活力的源泉。完善高校大学生奖励制度，构建科学的奖评系统，与时俱进地改革创新，不拘一格地塑造培养人才的奖励新机制，对于我国高校教育来说有着重要的现实意义。

一、高校大学生奖励制度要坚持的原则

"无规矩不成方圆。"研究高校大学生奖励制度先要掌握好并把握住其理论原则,并紧紧依靠马克思主义观点、立场和方法,秉承着科学严谨的方法和标准,严肃活泼地坚持奖励制度原则以全面生动地落实高校大学生奖励工作。

(一)坚持公开、公平、公正原则

坚持公开、公平、公正是高校大学生奖励制度最基本的原则,也是保障高校大学生奖励制度能够持续稳定地开展和运行的前提,是进一步促进教育公平的重要体现。公开包括两方面:首先,是高校奖励体制、奖励明细公开。即奖励是什么,为什么奖励,都奖励谁,怎样才能获得奖励,在奖励的前期就要做好公示、公开工作,让大学生有计划、有目的地"量体裁衣"。其次,就是奖励工作的过程和结果公开。对于怎么去评定的某项奖励和评定奖励的最终结果,更要全面地公开,让学生明白学校评定奖励的步骤,最后看看自己有没有中榜,为什么中榜和为什么没有中榜。公平旨在强调每个人在奖励制度面前的平等权利,人人平等,机会均等,避免不公平对待。公正是指在奖励制度面前要维护正义,防止徇私舞弊,建立良好的竞争机制。

(二)坚持以人为本原则

以人为本的原则符合国家培养高素质人才的蓝本,合乎人才成长的客观规律。高校教育管理应该逐渐从社会本位价值观向满足社会与个人的平衡发展过渡,把学生的全面发展作为高校发展的终极目标。高校大学

生奖励制度中以人为本的需要，就是实现自我价值的需要。自我价值的认可，被正确地评价，与高校教育发展目标相结合，是实现奖励制度的最根本途径。

（三）坚持适量适度原则

马克思主义认为，事物是质和量的统一体，认识事物的量才能准确地认识事物的质，在实践中要掌握适度原则。高校大学生奖励制度也同样要遵循适度适量的原则。奖励名目的设立不是越广越好，奖励人数也不是越多越好，奖励被控制在一定的范围内，奖励才能保持自身存在的意义，超出了特定的范围，它将会向对立面转化。奖励的数目、奖励的多少、奖励的范围，都是需要从教育管理的环节中细细把握的，在保持奖励的适度的范围内，既要防止"过"，又要防止"不及"。去掉了该奖励的名目或是该被奖励的学生没有得到奖励，容易使其产生前功尽弃的消极心态，亦是不可取。因此，保持奖励工作平稳持续健康发展，是奖励工作的重点。

（四）坚持差异性原则

坚持差异性原则即注重学生的个体差异。人与人之间本就存在着个体差异，这就是之所以要培养高素质全面发展人才的原因。素质教育使受教育者全面健康地发展，而在非素质教育中，个性发展很难受到重视，不同的个性需求也很难得到满足，而是常常被扼杀在摇篮里或遭到强烈排斥和修正，这与高校大学生奖励制度的公开、公平、公正原则，以人为本原则相悖。而今的奖励制度中，学生的个性发展得不到彰显，因为在"顺风倒""一刀切"的教育方式引导下，学校变成了整齐划一的流水线。

因此，在日新月异的当下，我们更要大胆地赏识个体差异，尊重个性发展，积极地对待求同存异，在奖励制度评价系统的标尺内勇于挖掘新型人才。

（五）坚持多元奖励原则

人的第一需求即物质需求，这是毋庸置疑的，但同时也要考虑到精神层面的需求。学生的需求是多元的，并且趋于务实，奖励如果仅仅是物质奖励或者是精神奖励的一元奖励机制则过于单一，不能满足个体的多元需求。所以一元奖励机制往往造成奖励效果微弱，也无法提高教育管理效率。因此应坚持多元奖励原则，满足学生的多元需求，物质奖励与精神奖励双管齐下，更加重视精神层面的嘉奖，充分调动人的主观能动性，全面调动学生的积极性，提高奖励制度的效能，实现学生工作管理目的。

（六）坚持与时俱进、求实创新原则

创新是当今时代的主题，万事万物离不开创新，高校大学生奖励制度亦如此。世界在变，时代在变，学生在变，教育制度也要转变。那么作为高校一种行之有效的管理体制来说，与时俱进、求实创新是它永恒的主题。依据科学发展观，必须坚持全面协调可持续发展，按照人才发展要求，推进奖励制度随着高校实际情况发展完善改进，促进奖励制度的各个环节、各个方面协调发展。现行的奖励制度存在许多不合时宜的弊端，因此只有与时俱进地创新，才能真正地发挥其应有的激励作用。

二、深化对高校大学生奖励制度客体的认知

高校大学生奖励制度的客体即大学生。那么，深入了解当代大学生的思想特点及其心理变化是对他们进行正确引导的基础。大学生作为青年的代表，是未来社会建设的一支重要力量，大学时代又是大学生思想政

治特点、人格品行和学识形成的关键时期，受高校和社会影响较大。当代大学生是在社会主义市场经济的建立和发展中成长起来的，在思想和行为上不可避免地受到社会主义市场经济和社会政治经济环境的影响，其中有积极的，也有消极的。主要特点表现为：有强烈的爱国热情，但又缺乏坚定的政治方向；理想信念与道德观趋向多元化；学习能力和实践能力的发展脱节；追求个性，但心理素质较差；情感丰富，但人际关系淡薄；就业困难，心理压力大。结合当代大学生的这些特点，有效地对他们进行教育指导，有助于提高高校思想教育的针对性和实效性。

（一）深入了解当代大学生的需求并重视其理想信念和精神能量

激励的第一基本要素是需要。所谓需要，是指人们对某种目标的渴求和欲望，是产生动机性行为的原动力。要想使奖励制度发挥最大效能，就必须深入细致地了解每位学生的需要，有针对性地引导其实现目标。大学生的需求主要呈阶段性变化，从新生入学对校园文化和人文环境的需求，慢慢地向专业知识和兴趣爱好的需求转化，再朝着自我肯定与他人评价的需求发展，最后过渡到实践能力与社会认同的需求。这种阶段性需求是由高等教育发展方针、学习程度、个体情况和社会需求等因素综合决定的，最终以实现自身价值为目标。有了需求便产生了动机，而作为高校思想教育者，要想有效地激发大学生成长成才的动机，充分发掘大学生的内在潜力，推动大学生向成才目标迈进，就要时刻督促、激起大学生的心理需求。

重视大学生的理想信念和精神能量，是高校大学生奖励制度的一项重要工作，它对于当代大学生的成长具有非常重要的意义。首先，理想信念能够引导大学生做什么样的人；其次，理想信念能够指引大学生走什么路；最后，理想信念能够教导大学生上什么学。可以说，理想信念犹如深邃黑夜中一盏明亮的灯塔，有了信念做指导，大学生有目的、有计划地去实践，是激发大学生迎接挑战、克服困难，面对奖励等竞争机制的精神支柱和强大力量。

（二）引导大学生树立正确的竞争理念

奖励制度最主要的途径为竞争。竞争是指个体与个体或群体之间试图超过对方、赢得胜利的心理或行为。竞争能使人勤奋勇敢、充满活力、推动个体快速发展。而过度竞争则会产生很多负面效果，如长期焦虑、脾气暴躁、情绪混乱、自我否定、自我放弃，甚至诋毁他人等。大学生在竞争过程中往往表现出两种反差较大的情绪。一方面，表现为情感强烈富有激情，这一部分大学生往往对既定目标比较执着、对评价结果期许较高。得到奖励，欢呼雀跃，反之则会造成愤怒激动、自我放弃的心理。另一方面，对奖励激励呈消极心理，不参与、不竞争是他们对待奖励制度的态度。这势必会埋没人才，造成奖励制度不公平的假象，淡化奖励制度的功能，削弱奖励制度的效能。因此，消除大学生面对奖励制度的"亚健康状态"，引导当代大学生树立正确的竞争意识，是实现奖励制度健康发展的重要保障。

1. 引导大学生积极面对竞争

竞争是激烈的，但绝不意味着要在竞争面前消极被动。相反，我们应该采取积极的态度来面对竞争。失败不可怕，可怕的是丧失了挑战的勇气。只要努力积极面对，就能够减少失败的因素，增加成功的机会。同时，要引导大学生坚信奖励制度的权威性和公平性。奖励制度的些许偏差可能导致大学生认为奖励制度不公平，也会造成大学生面对奖励制度的消极情绪。此时更要引导大学生重拾对学校、教育管理者的信心——奖励制度是公平公正的，只要通过努力付出，都会有属于自己的平台。

2. 引导大学生重视过程

在竞争面前，较之结果而言，更要重视其过程。竞争的目标不是最终的得失，而在于在奋斗拼搏中提升自己。无论奖励结果如何，成与败都能丰富经验和积攒阅历，不能用一次失败来否定自己。只有在竞争过程中奋勇拼搏，才能终将迈向成功。

3. 引导大学生树立合作竞争意识

竞争与合作是矛盾的统一体，两者既对立又统一，在社会政治经济飞速发展的今天，现代社会的竞争很多时候已不再是一场"你死我活"的生死之战，更多地表现为双赢。我帮你，你帮我，共同成长，共同进步，通过合作，实现更有效的竞争和发展。

4. 引导大学生理性正视奖励结果

大学生中存在着自我评价过高的现象。竞争被奖励，优越感倍增，容易产生骄傲、自满的情绪，进而缺乏进取的动力；竞争失利，容易产生不公平的情绪，对他人和竞争环境做出不恰当的评价，进而看不到自己的不足，迷失了前进的方向。同时，大学生中同样存在着看中金钱奖励的片面观点。其实，无论哪一种形式的奖励，都是对大学生自身价值的充分肯定，无论这种奖励是通报表扬、一纸奖状，还是奖金，都是受人尊敬的。因此，要引导一部分大学生消除"金钱奖励才是奖励"的错误观点，正确对待奖励结果。

奖励制度中的竞争就像是一场和自己奔跑的比赛，而规则是超越自己。正确地对待竞争，使每一个大学生在奖励制度的竞争中不断地提升自己，坚持不懈地奋勇向上，健康发展。

三、高校大学生奖励制度的优化、完善

奖励制度的优化升级，最重要的还是体现在奖励工作的运行过程中。认清奖励制度的合理地位，改善奖励工作的方式方法，全面奖励工作的内容，细致深入地体察整个奖励制度系统的细枝末节，抓住奖励制度的激励效能，使之贯穿于奖励工作的始末，不断层，不割裂，以使整个奖励制度运行更流畅、更持续。

（一）确立奖励制度在大学生教育管理中的合理地位

奖励制度在学校管理中的运用主要是为了提升学校的管理效率，是为管理提供一个更好的手段和方式，是高效率实现学校教育管理目标的关键因素。高校大学生奖励制度作为大学制度中的一个子系统，其地位的重要性是不言而喻的。高等教育的每一个制度都存在着相互影响、相互作用的关系。奖励制度作为学生努力拼搏的助推器、辅助教育管理者进行引导的方式和手段，一直以来都不是独立存在的。它需要学校各职能部门积极配合，通力协作，以完成奖励工作。高校工作管理者一定要对奖励制度给予充分的重视，做好奖励制度的每一项环节，发挥其应有的作用和功能。同时，也不能过分倚重奖励制度的牵引作用，甚至用奖励制度的评定结果来制约学生的学习和发展。奖励制度在大学制度中的作

用是辅助性、引导性，而不是主体性，在教育管理职能面前完成好它的本职任务，不要喧宾夺主；置奖励制度于一个合理的地位，对于奖励制度发挥其应有的功能，具有重要意义。

（二）建立、健全高校大学生奖励制度

首先，要加强我国高等院校的大学生奖励立法工作，通过立法，使奖励工作有章可循，有法可依，同时也能通过立法，来增强各高校自主奖励制度管理的力度。其次，优化高校人才管理职能，强化各部门协调管理、政策法规制定、监督保障等职能。建立高校大学生奖励制度的权利清单和责任清单，清理和规范奖励的各项事宜。再者，保障和落实高校大学生奖励制度自主权，充分发挥高校大学生奖励制度的主导作用。改进高校大学生奖励制度的管理模式，建立动态调整机制，探索创新高校大学生奖励制度的办法。最后，健全高校大学生奖励制度管理服务体系，构建科学、规范、与时俱进的大学生奖励体系，完善人才供求和竞争机制，深化奖励服务机构改革，大力发展和谐良好有序的竞争氛围，放宽奖励结构限制。

（三）科学地建立奖励制度的标准完善评定系统

"制定好，准备好，不如做得好"，奖励制度亦是如此。要建立科学的大学生奖励制度，就需要较为完善的评价系统做保证，坚持以促进大学生的全面发展为根本，通过综合运用各种方法，激发和调动学生学习的积极性、主动性和创造性。大学生奖励制度建立完善评定系统的途径应从以下几个方面进行。

1. 民主选评公平、公正

奖励制度的公平、公正体现出教育管理的权威性和可信程度。首先要做到办事公道，一视同仁地对待每一位学生，目标要明确，执行要持正，不要用有色眼镜去对待部分学生，严肃奖评过程，不讲亲，不讲情，让每一位奋发进取的学生都有得到奖励的均等机会。同时，要以民主管理为主，也就是说，要提高学生对校园奖励制度的参与度。大学生往往有着独立思考和分析事物的能力，追求美好的事物是他们迫切的愿望。让学生高度参与奖励工作，按照一定的标准和界限民主评议，在此过程中充分调动广大学生的积极性，以使奖励过程更公开透明，结果更使人信服，榜样力量倍增，激励效能增强。

2. 及时奖励，充分发挥奖励效能

榜样是一面旗帜，榜样的力量是无穷的。在奖励制度的评定结果产生后，一定要做到及时奖励，宣传优异。只有及时对表现突出的学生加以奖励，才能发挥奖励的功效，增强受奖励者的信心，实时地树立起典型，起到先锋模范作用。

3. 把握好奖励的度，不过不缺

坚持奖励工作的适度原则，优化奖励工作的效果。度就是指奖励工作中的奖励标准要适当。该怎么去奖励，给出多少奖励，都要明确。小成绩小奖励，不过不偏；大成绩大奖励，不缺不少，使受奖励者受之无愧，其他学生也能心服口服，这样才能起到奖励少数人、激励多数人的作用。

4. 重视奖励的争创过程

坚持把争创奖励过程放在奖励工作的突出位置。在实际运用奖励制度的过程中，应重点考查学生对于该奖项的争创过程，增设"奋斗奖"，而不是单纯地注重结果。因为，只有在过程中才能体现出育人的功能。优异的成绩可以充分说明学生的优秀表现，但由于个体差异，更要看到为了目标努力拼搏的"中下游"。把评定结果与进取过程有机地结合在一起，在奖励名目上适时地增加一些"过程大于结果"的突出表现奖项，用以激励绝大多数学生，发挥奖励制度的作用。

5. 重视舆论氛围的营造

坚持大张声势地营造奖励良好的舆论氛围。奖励制度的效能之一就是通过奖励工作创造良好的校园环境，营造积极上进的学习氛围。不要轻视奖励发放，不能草草了事或是形式主义。珍惜每一次评定工作的尾声，它是奖励工作得以良性循环和发挥效能的重要环节和又一次开始。重视奖励工作的颁发环节，让学生知道什么是被提倡的，什么是被奖励的，什么是典型，什么是榜样。以奖励工作为突破口将校园良好的校风、学风融入学习生活、学习中，形成一种活泼、向上又不失严肃的氛围，自觉自治、积极向上，使每一个学生都能受到教育、影响、陶冶、洗礼和激励。

6. 兼顾个性，向多元化奖励发展

坚持完善创新人才特色激励机制，努力向多元奖励名目发展。首先，要增设个性化创新能力奖励。当前奖励名目因循守旧现象严重，有的奖励名目甚至十几年没有更换，它已不能很好地适应当今奖励制度的需要和发展。个性中包含着创新，创新中散发着个性，不要一味去排斥学生发展中的个性，要提倡在一定的程度内自由发展，培养其创新能力。其次，要增设实践奖励。实践能力作为培养输送适应社会和国家需要的人才越来越被重视，中国式教育往往造就了一批又一批"应试人才"，而非真正的社会人才。奖励制度要顺应国家教育政策的方针指示与社会对人才的需求，努力引导大学生增加实践能力，增加适应社会的能力。最后，要增设除学业成绩之外的奖励名目。素质教育要求我们培养全面发展的人才，其中包括文体、纪律、素质、道德等方面，在奖励制度中也必须将影响人才发展的上述因素重点体现出来，坚持学术生活两手抓、道德素质要兼顾的办事方法。

7. 双重奖励灵活运用

坚持物质奖励与精神奖励并重的奖励方式。今天，学校单一的奖励方式已不能满足大学生对奖励结果的需求。物质需求与精神需求并用的方式符合当下校园文化和学生的心理特点。在进行奖励工作的过程中，在一些奖励名目上，我们既要以奖金来满足受奖励者对奖励的物质性基本要求，又要大张旗鼓地弘扬正气，以满足受奖励者对奖励的精神层面的需求。物质奖励与精神奖励双向结合，才能达到完整的激励效果。

四、社会高度参与高校大学生奖励制度

每一位大学生都是生活在家庭和社会中的人，同样，高校大学生奖励制度如若没有社会和家庭的参与，也就割裂了人的本质。"学习社会化，社会学习化"正逐步成为现代社会和现代教育发展的重要趋势。高等院校并不是一个独立的教育机构，它与国家、社会、家庭都有着密切的联系。高等院校培养人才，最终是为社会输送人才，为国家服务，而社会能够

持续健康地发展，高校优秀人才便是中流砥柱。奖励制度的校企结合，让校园更好地开放，社会更好地吸纳，以呈现出互惠共赢的局面。而对一个全面发展的人才来讲，家庭适当介入高校奖励制度的评价系统可使得奖励评定显得更加具有分量。学校、社会、家庭的相互作用和相互影响，在家庭和社会密切配合下开展奖励激励工作，对人才的培养有着重要的意义。

（一）社会应积极参与高校大学生奖励制度的评价系统

高校大学生奖励制度机制的建立和实行是为了贯彻国家素质教育政策，而其中重要的一点就是"素质教育要依据社会发展和人的发展的实际需要"，社会需要是素质教育运行的动力源。也就是说，我国高等教育的主要目的就是为了让每一个学生走出校门之后能够适应社会的需要，满足国家对于人才的需求，完成高等教育机构的使命。当代大学将越来越难以提供人们期待的那种"社会地位配置"作用，而是不断"回归"教育机构的本质。高等教育帮助学生获得知识与能力，而学生运用知识和能力寻求就业，并逐步获得自己的社会地位，大学并不是直接提供工作和社会地位。大学的根本意义在于形成帮助大学生个体发展的人力资本，或者说是劳动能力，用这样的资本和能力谋取就业机会。事实上，高校在大学生就业过程中并没有退出舞台，反而扮演着越来越重要的角色，从不负责就业到积极参与学生就业，再到主动服务于学生就业的变迁过程，高校与大学生就业的关系越来越紧密。而面对这样大好的趋势，奖励制度更加要与学生就业多多融合，这就避免不了要加大社会对于高校大学生奖励制度的参与力度。当前我国高校大学生奖励制度中已有一些社会参与的奖励名目，比如，企业面对高校设置的高新技术项目研发奖励，对于高端人才的免试录用奖励，社会团体赞助高校大学生奖励名目，等等，这些都是社会参与高校大学生奖励制度的形式，但终究没有形成一个系统的奖励评定制度。作为迫切需要人才的社会和企业等，自新生入学就应与高校建立针对二者的奖励制度评定体系，把人才的培养与人才需求从"头"抓起，循序渐进地将自己的企业文化与校园文化相融合、校园竞争与人才选拔相转化，最大化地寻求双方利益最大化，形成一个共赢的局面。社会和企业应不遗余力地利用本身的硬实力与软实力建立一个长期稳定的校企合作的良好奖励制度环境，注重有发展潜力的人才的储备，形成有效对接。对于奖励主体的高校来讲，不仅要在奖励名目上体现出与社会企业合作的联系，增加大学生的社会实践能力，也要适时地加大对社会、企业融入的开放力度，不要拘泥于形式和手段，用社会上先进的理念来指导校园人才培养。

（二）努力向三位一体的综合评价系统转变

奖励制度是国家教育政策和校园文化结合下的主流产物，它已成为引导大学生学习、生活的主流因素，但这种因素不是单向的，也不能是单向的。因为学生往往担负着家庭中、社会中、校园中的多重角色，对于培养全面人才，家庭、社会都不可忽视地必将参与到高校大学生奖励制度中来。家庭是最初也是最重要的因素，家庭的结构特点、家庭的稳定性、家庭内部的主流思想意识、家庭教育方式等因素都会形成大学生最初的人生观。在这样的背景下，高校大学生奖励制度势必要将家庭因素充分地考虑到机制中来，让家庭因素也成为奖励制度评定系统中的一支分流，完善高校评价系统。影响大学生学习、生活的不仅有学校、家庭，社会也是一个重要的因素。人无时无刻不跟社会发生着联系，社会的纷繁复杂冲击着每一个大学生的三观，社会道德、社会主流思想也极大地影响着大学生的发展。学校、家庭、社会本就是三位一体的关系，它们相辅相成，缺一不可。同样，在高校大学生奖励制度机制运行的始终，都要将家庭、社会因素融入奖励制度中，一些家庭中的、社会中的需求也会在奖励制度中体现，比如奖励评定过程中也要调查除了校园之外的环境是否仍然表现突出等。重视校外教育，将高校大学生奖励制度的引导效能辐射到学校之外，构建学校、家庭、社会三位一体的有机奖励制度，全面引导塑造国家所需要的人才，促使其和谐健康发展。

五、新媒体的推动作用

当代大学生正处在以信息技术为中心、以建设信息公路为核心的新时代，新媒体无时无刻不充斥着他们的学习和生活，并且可以这样大胆地说，大学生是如此依赖新媒体所教授的知识。每一个大学也相继建立并逐渐完善本校的交流管理信息平台。通过管理信息系统，大学生可以直观、全面地查询通知、信息和成绩。而应该看到的是，关于学校奖励工作的通知比重较小，本应展示的奖励工作流程与结果却几乎没有公告，这就削弱了奖励制度的规范性、公开性、权威性和互动性。奖励制度的与时俱进必须要体现在信息化上，这是民之所向的发展趋势，是现代化教育管理的要求。高校大学生奖励制度本身就是一种活泼生动的大学制度，给循规蹈矩的高效管理添上一抹亮丽的色彩，把新媒体融入高校大学生奖励制度中去，可增加大学生的兴趣爱好，拓宽大学生参与学校建设管理的平台，缩短学校与学生之间的互动距离，达到完善高校奖励制度的目的。增加互联网对奖励制度评定的功用，公开展示评定过程和结果，注重实时更新评定信息，建立强大公信力的互动平台，接受并提供真实可靠的数据来源，规范奖励工作，增加大学生的参与性和互动性。利用手机客户端的微信、微博等APP进行民主、公开交互，由传统的纸质投票转变为电子选评，由传统的口头传评转变为组群公评，不仅使评定工作更加权威和透明，同时也延长了奖励制度的效能，提高了制度活力。在奖励评定工作的舆论宣传环节，利用新媒体加大营造正面舆论、制造良好学习氛围的力度，把握正确的舆论导向，开展典型宣传工作，结合图片、影音等手段来刺激鼓舞大学生直观地感受奖励制度所带来的荣誉和积极进取的正面引导精神。

第四节 高校资助现状

在我国高等教育中，学生资助与社会公平和教育公平紧密相关。截止到2018年，在国家、高校和社会的共同努力下，高校资助机制不断完善，为更多家庭经济困难的学生求学提供了坚强的后盾。

一、高校资助政策逐步完善

（一）资助政策进一步完善

政府在资助工作中要注意做好两方面的工作：一方面，通过政策加大财政投入，增加高校家庭经济困难学生资助比例并为其提供政策条件，提高资助效率和水平，不断完善资助制度和体系并加强管理监督等，最终实现家庭经济困难学生成长成才；另一方面，为促进和保证教育事业的可持续发展，需要不断地优化教育体系、教育结构以加强和维护教育公平。据统计，我国目前已有广西、贵州、山东和海南等十六个省份出台专业的资助政策，主要是为建档立卡的全日制在校学生制定。

（二）政策体系更加健全

高校需要高度关注资助工作，以健全资助体系为重点，树立以学生为本的理念，建立和完善资助模式，提高对高校家庭经济困难学生的助学力度，达到培养出更多社会进步所需人才的目的。在高校资助工作中，我国实行多元混合资助体系。应不断完善国家奖助学金制度，经费合理分担、师范生免学费、新生入学"绿色通道"、新生入学资助，推进和完善国家助学贷款政策，鼓励和实施捐资助学的相关政策，职业教育、设立助学管理机构、勤工助学、学费减免、完善公民信用体系等政策。政府的管理和引导作用主要体现在其为高校资助制度运行提供的外部环境。政府推动和主导着教育体制改革或经济体制改革。资助工作在深化推进过程中遇到的各种困难和问题都需要借助政府的力量来化解。

二、学生资助内涵更加丰富

（一）由保障型资助向发展型资助转变

学生资助形式逐渐转变，发展型在不断地取代传统的保障型。此外，高校在进行资助工作的过程中，需要长期坚持德育教育。德育教育是一项潜移默化的教育工程，在社会生活中无处不存在德育教育的素材，学生资助工作应充分挖掘其正面价值，正确引导并树立学生知恩感恩、关爱他人、诚实守信和自立自强的品德，让学生在接受国家和社会关爱的同时，懂得把关爱、感恩传递下去，并立志自强不息，这是资助体系的实质和目的，也是教育的现实价值。

在国家资助政策的指导下，增加来自社会各界的资助和支持，为了达到最好的资助效果，高校应当量化资助模式。在管理各项资助金下发的过程中，也要注意做好监督管理，保证资助金额能使用好、管理好、发放好，真正下放到经济困难学生手中。高校应加强学校的实力，吸引具有社会责任感的企事业单位、社会机构组织团体、校友和爱心人士等社会力量加入资助工作中去，在校内设立资助项目，支持学校教育的发展，资助经济困难学生求学。在高校资助工作具体实施过程中，要注意建立以及健全该工作的运行机制和管理机构，坚持以培养学生为根本理念，加强育人工作队伍和组织机构建设，确保加强组织领导，稳固高校家庭经济困难学生资助的工作基础。

（二）全面推进精准资助

为了保证资助政策的良性运行，政府部门必须充分发挥其作用，建立健全高校贫困生资助机制，完善政策体系，推动全社会参与贫困生资助。高校资助涉及面广，具有复杂性和系统性，需要由高校组织成立以校领导为首的资助工作机构，同时设立专门以资助学生为中心，由团委、学生处、教务处、后勤处、财务处等学校相关职能部门辅助配合，并在校内各院系中成立学生资助分支机构。以院系领导为首，各年级辅导员辅助，各班级班长和团支书配合工作，及时了解和收集家庭经济困难学生资料信息,建立家庭经济困难学生资料库,设立联络员、心理咨询员等,随时了解听取家庭经济困难学生的建议和意见,从上而下地参与到资助工作中。在进行资助过程中,考虑经济和贫困生比重等因素,注意资助资金向经济落后地区学生倾斜,更大范围地覆盖家庭经济困难学生;加强与地方相关部门合作,为家庭经济困难学生建档立卡;采用多种措施和手段,合理科学实施贫困生认定工作和资助项目发放;按经济困难程度,分档分阶段地发放资助金额等。

第五节 高校资助机制存在的问题及原因分析

一、高校资助工作管理存在的问题

(一)资助政策落实不到位

我国教育事业中把帮助家庭经济困难学生作为重中之重,并提出了"帮助一个贫困生,国家将多一个人才"的口号,高校资助工作中也应当响应国家资助政策要求。据此,高校应设置专门的组织机构。该资助组织机构应按照该校全日制在校学生人数的20%配备工作人员来具体负责该机构的运行,然而,很多高校目前并未设置该机构,或者只是设置了空壳组织,并未配备专门的人员,与国家要求有很大的差距。高校资助工作是一项量大面广、政策性强的民生工程,没有配置专门的机构人员,要做好资助工作犹如纸上谈兵。除了机构和人员的设置,在经费上国家要求高校应从该校的事业费中提出4%到6%的学生经费专门用于家庭经济困难学生的资助工作,但这项工作同样普遍很多高校达不到标准。资助工作要扎实有效地运行一方面需要制度的保证，另一方面也需要经费、机构和人员的保障，否则资助工作难以实行。

（二）贫困生认定机制不健全

我国高校根据国家对贫困生的认定文件不断地摸索，逐步探索出一套适用于本校的贫困生认定机制和方案。目前，我国高校普遍采用的模式是："学校颁布贫困生认定机制—学生自主申请—学校审核认定。"在执行过程中，由于一些人为、信息不对称或机制不健全等因素的影响，在认定过程中容易出现问题，这些问题总结起来包括以下几点。

1. 认定概念模糊，缺乏量化、统一的标准

在我国经济社会发展过程中，很多地区经济发展不平衡，同时，家庭经济困难学生、贫困生概念模糊。高校的学生来自全国各地，种种的因素使得高校对贫困生的认定变得更为复杂，难以用定量的标准和科学的方法来认定，在操作过程中会面对更多不确定性因素。因此，高校在审核认定过程中普遍以主观判断、传统经验为主。

2. 难以判断认定材料的真实度

国家、高校为了能帮助更多的困难学生，逐年增加奖助学金比例。在利益驱使下，部分非贫困学生为了获得学校的资助而弄虚作假，增加了贫困生认定工作的困难，蒙混过关或者存在很大水分的虚假材料也使得认定工作举步维艰。

3. 评议小组的形式存在弊端

高校普遍规定，贫困生的认定评议小组由学生组成，小组里的学生成员参与评议和公示等程序。由学生组成评议小组参与评审能使得结果更

客观、监督更到位，但也存在种种的弊端：申请者被贴上贫困生的标签会伤害到部分不愿意公开家庭情况或家庭困难学生的尊严；自强自立意识较强的家庭困难学生为了维护自己的尊严、拒绝怜悯和同情，会拒绝申请；在评审过程中，一些学生拉票、个人偏好等因素容易导致评议不公。

4. 认定程序不规范，主观性强

在评审过程中，除了学生提交的书面认定材料，班上的学生干部和同学以及辅导员对贫困生的日常观察很大程度上影响着认定的结果。由此而来的认定结果带着很大的偏差，一方面，辅导员与学生的接触与对学生的了解非常有限，因此，辅导员判断带有很大的片面性；另一方面，学生干部和申请者的关系、感情的亲疏或多或少会影响其评议，最终影响评判结果。这种认定过程和程序并不规范且带有很大的主观性。

（三）资助项目设置不合理

高校为了使学生在学习过程中形成良性的竞争，不断提升自我、完善自我，并且奖励综合素质优秀的学生，实行的奖励制度和资助大多是建立在综合素质测评之上的。但在实行过程中，这一制度出现了以下问题。

1. 缺乏统一、系统的资助体系

资助工作的实施推动着大学生资助工作的开展，但是在高校中，资助体系缺乏一致性和系统性，会影响资助的效果和资助的力度，甚至出现不公平等不良现象。在奖励和内部管理这两方面最能体现出资助系统的这一问题。

首先，国家、高校及校友、企事业单位、社会团体和个人等以各种名义设立的奖助学金金额越来越大，种类越来越多，每项设立的奖助学金的目的不同、奖励的对象不同，并且各项奖助学金相互独立，容易导致同一个学生申请多项奖助学金，重复申请，占用其他学生的奖助学金名额，也会导致优秀的学生没有获得奖学金或者没有获得相对应的奖助学金。这样缺乏科学系统、行之有效的管理，会导致问题不断出现，不利于实现奖助学金的激励作用。

其次，资助体系内部管理方面，资助部门相对分散，除了高校校内统一的奖助学金外，来自校友、企事业单位、社会团体和个人的奖助学金同时存在，奖励种类繁多，申请条件参差不齐，缺乏系统性，缺乏行之有效的监督管理机制，管理混乱，难以实现奖励的最终目的。

2. 奖励项目设置落后

高校里现有的奖助项目往往忽视了特殊群体而与社会发展脱节。奖助学金的设置不能忽视特殊群体的存在，各种特殊群体结合起来也是一个难以忽视的庞大群体，如来自贫困地区的学生、来自少数民族地区的学生等。教育要体现公平性，奖助学金更要体现出公平性，所以在设立奖助学金时应该充分体现出国家和学校对特殊群体的关怀和关注。

现有的奖助项目从设立之初至今修改力度不大，评比标准和设立的目的都是针对过去社会环境和社会人才培养目标。但是社会在不断地进步，国家在不断地发展，针对原来的目标和标准设置的奖项已不能适应现代社会的发展，也不能适应现代社会对人才培养的要求。因此，高校在设立奖助学金项目中，种类、申请条件和评比条件的设置应当根据社会、国家的需求不断地调整，以适应社会发展的要求。

3.奖励目的难以实现

奖励目的难以实现主要体现在参与评选主体、参选程序和形式三个方面。

首先，由于在奖助学金评选前，学校对相关的奖助制度、奖助项目及申请条件、申请时间等宣传不足、通知不到位，在申请和评选过程中缺乏规范、存在问题，导致学生整体参与度低，关注奖助学金相关信息的学生少，起不到激励全体学生参与评选的热情的作用。参与的主体少、不积极使得奖助学金促进进步的目的难以实现。

其次，在学生参选程序方面，奖助学金的参选程序缺乏合理性、缺乏有效的监督管理。各种类型的奖助学金参选程序参差不齐，管理不规范、评选不一致，容易产生反复评选等重复工作。同时，在评选过程中，评选程序不透明，忽视公开、公平原则，容易出现同一个学生重复参评不同的奖项，占用其他学生参选的名额，易于出现不公平现象。不透明、不公开的机制容易导致评选过程中出现专权现象，由原本多人评选、评选小组评选变成由个别人员审定的现象。另外，在评选过程中，评选过程不系统、评选时间长等问题都会大大降低评选的可信度和参与度。

最后，奖助学金在形式上虽然表现为物质鼓励，但设置的主要目的是为了在提供物质资助的同时鼓励学生理性竞争，激发学生们不断进步、不断完善自我。随着时间的推移，奖励精神层面的作用逐渐被忽视，物质层面的作用不断加强，使得奖励的目的难以实现，无法从精神层面上促进学生的学习，提高学生的精神境界。在资助过程中，奖助学金的实施出现以上问题时，我们以物质作为奖励形式的同时要注重思想层面的引导，提高学生的学习积极性，避免把资助工作变得物质和低俗。

二、高校资助工作管理存在问题的原因分析

（一）国家资助机制不健全

高校资助工作实质是国家政府、企事业单位、社会团体和个人等资助主体把经济资源通过教育系统提供给学生。国家资助具有政策公共产品的属性，其属性决定了国家在资助政策中占有主导性的特征，决定了政府部门在资助政策制定和执行过程中的主导地位。为了保证资助政策的良性运行，政府部门必须充分发挥其作用，建立健全高校贫困生资助机制，完善政策体系，推动全社会参与贫困生资助。此外，国家应制定和颁布实施有关资助项目的法律法规，用法律的手段保障资助项目，为资助政策的发展提供良好的环境。

资助体系包括资助项目、资助内容、资助方式、资助者和受助者等要素。各要素之间若存在信息滞后、信息不对称等问题，都会产生道德风险和逆向选择，使资助政策的资助目的受到极大的削弱，资助体系合理构建和有效运行有利于信息的甄别和传递。

另外，问卷调查显示，只有2.54%的人是非常了解国家资助政策的，大部分学生是不了解的。国家新出台资助政策宣传力度低，资助政策的具体执行过程中人为因素过多，难以保证高校全日制在读学生都能清楚了解。缺乏行之有效的宣传手段，职能部门的不重视，高校对资助政策宣传力度低等都是导致国家资助政策宣传力度不够的原因。

（二）学校资助机制不完善

随着社会的发展，制度更新速度缓慢，我国高校中普遍存在制度不完善、资助机制滞后的问题，主要表现在以下四个方面。

1. 管理制度不完善

资助系统的管理制度包括家庭经济困难学生认定办法、资助手段、资助项目管理和资助准则，等等。

在高校家庭经济困难认定中，普遍采取的模式是学生个人申请—提供家庭经济困难证明—测评小组民主评议—学校审核认定。这一流程表面上看似规范，实则存在弊端，会给弄虚作假之人提供可乘之机，滋生不良的风气。一般高校的资助管理办法中都明显呈现出无偿给予的特点。例如，从高校的助学贷款和勤工助学、无偿资助这些资助工作来看，高校的助学贷款对违约、贷款金额和期限、申请条件等做了严格的规定，普遍是由学生自主提交申请—学校审核审批—银行审核通过办理的流程。在提交申请中就要求学生提供详细的资料，在贷款和还贷过程中，一旦学生出现违约行为，银行将依法处理其违约行为，这极大地影响了学生的个人信用。在法律约束的情况下，仍然有不少学生违约，究其原因，最大的问题是高校在资助过程中缺乏道德诚信的教育，且监管机制不能约束、控制学生遵守合约。

另外，普遍地，高校都存在勤工助学项目，并对勤工助学的日常管理、岗位、酬金、人员要求等都做了详细明确的规定。但勤工助学往往是育人和用人相分离，且存在岗位少、岗位层次低等现象，用人单位往往要求勤工学生完成工作，而忽略了精神层面的教育，很大程度地阻碍了资助能效的发挥。最后，无偿资助项目中存在的最大问题是容易使得受资助的学生认为这是免费的午餐，无须做出任何反馈也无须承担责任。

高校资助的过程中容易忽略培养学生的责任观念。对违规行为没有对应的惩罚措施或处罚力度低；不约束受助学生对资助资金的使用；没有形成制度，也没有明确规定受助学生该履行的义务和责任。

2. 育人工作监督管理不完善

高校在对家庭经济困难学生进行资格认定的过程中缺乏有效的监督管理机制，同时不能有效监督资助工作者的育人行为，缺乏监督资助后的后续工作。

3. 缺乏完善的保障制度

在保障制度上，物质来源渠道较窄，资助主体单一。目前，我国高校资助的物质渠道主要来源于政府，社会资助非常有限，而且不均衡。同时，资助工作主体主要是来自高校的教师和辅导员，并没有专门负责人员，教师和辅导员受专业性和时间、精力的限制不能对资助发挥最大的能效，使得资助的效果大打折扣。

4. 缺乏完善的考核评价制度

我国对高校资助工作的考核评价指标主要是依据学校给予学生提供经济资助的金额和人数，忽略了被资助学生精神层面、思想行为、学业技能等的评价。另外，考核评价原则单一，不注重资助过程和外部评价。

（三）学生求助心理不积极

对于家庭经济困难学生的资助工作，经济资助是手段，精神育人才是工作的根本。高校对经济困难学生认定的程序一般是：学生本人自主提出书面申请，提交证明材料；班级民主测评小组根据申请的情况和申请的资料进行评审认定，通过评审认定人员材料提交院系；院系资助工作小组及领导进行评审认定，审核通过人员材料上交学校。在评审过程中，最关键的环节是班级测评小组的评审，班级测评小组成员来自班级，对本班同学的学习情况、家庭经济情况最了解。班级测评小组容易存在弊端，若是测评小组成员在测评过程中存在私心，就不能实现资助的实质目的，容易使得经济困难学生不愿意主动申请资助，求助心理不积极；同时也会影响班级的团结和凝聚力，严重的还会导致班级同学之间产生矛盾——互相猜忌、指责、埋怨，甚至谩骂。

在某些高校里，高额的国家助学金每年都吸引很多学生申请，但同时也存在很大一部分经济困难学生不愿意申请。深究其原因主要是在以往的国家助学金申请、评定和发放过程中，存在一些受助学生认为家庭经济困难，学校、国家应当给予支持和补助；某些受助学生甚至拿到资助款项后，把钱挥霍一空，并没有把资助款项应用到学习和生活中去；一些学生由于能得到国家无偿的助学金补助，不再自立自强地进行勤工助学。这些行为所衍生出的不良风气，贫困生、家庭经济困难学生这些名头带来的负面影响和评价，使真正自立自强的经济困难学生为了避免遭受这些负面名声的影响，也避免外界的怜悯和同情，即使家庭经济再困难也不愿意去申请资助，求助心理不积极。

第六节　高校资助机制建构实现的路径及对策

一、建立健全政府资助机制，推动全社会参与贫困生资助

（一）将资助形式从无偿内化为有偿，建立长期有效的扶贫助困机制

由于我国相关制度不完善，且无偿资助操作简单，也最直接有效，目前我国资助方式主要采用无偿资助。助学贷款制度在我国高校开始普及实施，逐渐向生源地与高校助学贷款并存过渡，由于生源地和高校之间信息获取的差异，政策不断地在调整。助学贷款是免息贷款，高校学生在毕业后需要分期偿还贷款，这要求学生做好个人管理和资金使用管理。

我国资助工作可以通过鼓励高校挖掘校内资源和校外资源，要求学生参与劳动和工作来获得补助，把资助形式从无偿内化为有偿，避免学生产生不劳而获的心理，培养学生自立自强的精神。

（二）加强资助工作人员的专业化程度，完善机构设置

我国资助体系设置较为完善，在整个体系正常运作的情况下，信息传递快速有效，虚假信息容易被鉴别和识别出来。在机构设置上需要解决的问题是内设机构，政府应倡导高校按照资助体系设置的初衷，设置专门的资助机构来负责，保证资助工作的有序运行。

通过交流学习、专业技能培训、激励约束等方式促成资助工作人员的业务能力，加强业务素质、增强责任心和工作主动性，使得资助机构高效运转。

（三）在资助工作管理中逐步引进社会力量

我国社会机构团体能参与的资助工作仍然停留在资金资助层面，资助工作的具体实施还是学校和政府处于主导地位。在引进社会力量方面，我国可以借鉴国外的资助体系，成立国家主控的社会团体组织来实施资助工作，政府和社会团体组织之间是雇佣关系，社会团体组织的资金管理和服务态度更到位。

资助金的主要来源是政府资助，但良好的风气和氛围却离不开社会关怀、慈善文化。良好的社会氛围能够促进人与人之间的和谐友爱，能让人胸襟更宽广，这有利于获得良好的资助效果。在社会大环境的影响下，越来越多的企事业单位、社会团体和个人参与慈善事业，使得高校的资助工作更多样化，也能正确引导学生的价值观念。目前，国家需要健全社会慈善事业管理制度，用制度约束行为，避免衍生出不良风气。

（四）促进政府信息公开、设立长效宣传机制

应使资助政策和信息、参与评选条件、冒领或骗取资助金的处罚等相关资助政策信息得到公开并广泛传播。因为在强大的资信力量下，政府和学校、社会、学生之间信息不对称和滞后问题就能得到解决，这对带有不良想法的申请者也起到了警醒作用，让其能更清楚地认识到自身行为带来的危害。简而言之，在政府和社会的有效宣传下，学生清楚采用虚假信息套取、骗取资助金的行为所应受到的惩罚，也意识到该行为所要付出的代价远远比不正当得到的资助金更大，那么就有助于学生的诚信。

二、建立健全高校资助机制

家是人生的第一所学校,父母是孩子的第一任教师,家庭经济困难的父母比普通家庭的父母更艰难。高校在传授学生知识的同时要更多地教育学生,让他们认识到幸福生活来之不易,要懂得知恩、识恩、感恩、报恩,要懂得回报父母;同时也要意识到,在成长过程中,除了父母的关爱,还有社会、国家和他人的关爱,要有传递感恩的意识,并自觉承担起传递关爱的责任和义务。思想上的改变不能一蹴而就,感恩教育需要从小和长期潜移默化地影响,也需要社会、学校和家庭各方面相互配合和支持。

(一)师生合作,关注学生心理健康

高校需要高度重视资助工作,要把以学生为本的理念贯穿育人工作的始终,加强人才队伍和组织机构建设,提高组织领导能力,夯实工作基础,保障家庭经济困难学生资助工作的实效。高校的学生来自全国各地,每位学生的原生家庭环境都不一样,这导致了资助工作的复杂性,也要求资助工作系统、科学。

相对于来自普通家庭的学生,经济困难的学生在求学过程中面临着更大的心理、学习和生活压力,现有的资助项目已经在很大程度上帮助学生解决经济、物质方面的问题,但在心理精神层面上,国家、社会和高校还缺乏有效的措施,不能及时正确引导经济困难学生,容易使其产生不良的心理问题,对其自身未来发展将会产生负面的影响。高校资助工作需要培养身心健康的人才,在资助工作中,不单要解决其经济问题,还要及时了解关注其心理、思想问题,以便及时沟通疏导,恰当做好心

理健康辅导工作，重视思想方面的帮助，为经济困难学生成长成才提供更好的条件，付出更大的努力。具体工作措施可以参考以下几点。

首先，高校在每年的新生入学期间普查每位学生的心理健康状况和家庭经济状况，对家庭经济困难学生的心理健康状况和家庭情况进行深入了解，建立资助档案，定期对其经济和心理状况进行跟踪了解。

其次，学生在校期间，积极开展心理健康教育，及时解决其心理问题和思想困惑，培养学生自强自立的精神，引导其对自身和对社会的正确认识。高校需要设立专门的家庭经济困难学生心理辅助中心，通过学校、院系和班级三个层次的育人工作，及时了解、关心存在心理问题的学生、定期排查其心理健康状况和不定期进行思想交流工作，让经济困难学生得到经济资助的同时也能解决心理上的困扰和思想上的烦忧。

（二）家校合作，创造良好家校资助氛围

科技在不断地发展，社会在不断地进步，在竞争激烈的时代里，成长在经济困难环境中的学生承受着更多生活、学习、心理以及人际交往的压力，然而压力增加的速度往往会比他们的抗压能力大。因为要解决家庭经济困难学生所面临的问题，为其创造良好的学习环境，不能单从物质上出发，还要从心理上解决他们的问题。经济困难学生一般性格比较内向，较为敏感冲动，抗压能力较低、情绪波动较大，难以以积极的心态去面对突发事件。长期负面情绪的积累会使他们产生更多的问题。经济困境会造成学生在求学过程中巨大的心理压力，从而引发心理问题：过度的自卑与自尊交错、抑郁与焦虑共生、妒忌和怨恨交织、孤僻与封闭并存、愧疚与无奈相伴等，这一系列问题并不能单靠学校就能解决，需要家长和社会共同关注。

高校单单依靠对经济困难学生在校内的经济资助、心理健康辅导，并不能完全解决学生的心理问题，学校还应当与学生家长主动沟通，深入了解学生的心理问题。子女从小与家长生活在一起，家长也是最了解子女、最容易捕捉子女心理、思想动态的。所以，高校的资助工作者要深入了解经济困难学生的思想状态，使高校资助系统更好地发挥育人的效果，必定要加强与学生家庭、学生家长的沟通。总而言之，高校应该建立与家长长期有效沟通的机制，确保资助工作取得最优的效果，具体实施情况如下。

1. 高校与家长建立有效的沟通机制

由于时间和地域的限制，与家长沟通交流可以选择以电话联系为主。高校在新生入学期间应当及时留下学生家长的联系方式并建档保存，建立家长联系电话目录，整理汇总出贫困生家长联系方式，单独编制并建立专门的联系档案。在往后的资助工作中，及时更新、修正、删减和增加经济困难学生名单、信息和联系方式。为了保障学生的隐私，在做这一工作时必须要做好信息资料的保密工作。资助工作人员定期与家长沟通交流，获得相关资料信息，建立相关档案，做好谈话记录，以备日后及时跟进了解贫困生的心理状况，同时也为解决学生心理问题提供参考资料。另外，一旦发现经济困难学生出现心理问题，要及时查找原因、加以开导，并快速联系其家长，加强家校合作。

2. 在条件允许的情况下，高校可以建立定期家访制度

实地走访，走进学生生活的家庭中去，与家长面对面进行沟通和交流，深入经济困难学生的生活环境，以在出现问题的时候更好地找到解决的

对策。家访制度的实施不能单靠资助工作者的自觉性，还需要学校的管理和监督、指导和规划，这样才能有效地推动家访制度，家校之间才能进行有效的沟通和交流。访谈需要有专业的技巧才能达到目的，高校应对资助工作进行专门的沟通技巧培训，同时不定期地召开研讨会，把成功案例和典型案例拿出来共同分享、讨论，积累经验。在建立家访制度的同时也应当设立相应的监督管理机制。

3. 及时纠正不良思想

一旦在与家长沟通的过程中发现家长存在不正确的思想，要及时地进行纠正和引导，帮助经济困难学生去除不良心态和思想，树立正确的世界观、人生观和价值观。例如，有些父母为了减少子女的负担一般会选择向子女隐瞒家里的经济状况，自己辛苦维持表面的小康水平。这种做法对于懂得感恩、孝顺父母的学生可以采用，但对于学习懒散、生活散漫、责任感不强、不懂感恩的学生，应当让其清楚了解家里的经济状况，激发其上进之心。同时，也能激发一些学习不用心、生活不自律的学生积极向上。要注重培养学生的感恩意识。通过感恩教育帮助学生意识到人与人、人与社会之间各种权利和义务关系。让学生懂得父母的养育之恩；让学生看到社会、国家和学校对其的关爱；让孩子看到自身努力的同时也清楚别人的付出。高校资助过程中加强宣传正面积极事件的力度，用这些事迹来引导学生，例如感动中国的贫困生徐本禹到贵州支教、自强不息的洪战辉，等等。

除此之外，一些家长也存在着依赖的思想，依靠国家和学校解决家庭经济问题，缺乏凭自身努力改善经济困难状况的动力。家长的思想很容易影响和传递给学生。高校在与家长交流沟通的过程中也要消除这一类想法，正确引导和提醒家长这种心态不利于培养学生自信自立自强的精神，容易对其产生负面影响，也不利于学生的身心健康成长，更不利于学生的成才。高校应通过与学生家长的沟通，及时跟进学生的思想动态，让学生认识到艰苦奋斗和自立自强精神的重要性。学校和家庭共同努力，正确引导，让经济困难学生能正确认识经济困难，正视贫穷，坦然面对贫困，明白贫困并不可耻，激发其乐观向上的生活态度，并帮助其塑造自爱、自强、自尊和自立的强大内心世界；帮助他们不断完善自己，树立远大高尚的理想，最终成长为懂感恩、能承担责任的新一代社会所需的人才。

（三）校企合作，全面拓宽资助途径

资助工作需要学校的努力，需要学生家庭的配合，也需要来自社会力量的支持。高校资助中很大一部分的资助资金来自国家，但也有一部分资金来源于社会。来源于社会的支持和援助能扩大高校资助资金的渠道，也使得资助主体能通过资助有效地提升其知名度和社会影响力。校企合作，全面拓宽资助途径，不仅补充了高校资助资金，也扩大了受助群体。

1.高校需设立专门的机构管理来自社会各方面的资助

高校要提高办学质量，不断培养出优秀的人才，提高学校的知名度，在社会上有一定的影响力。高校加强学校的实力，吸引具有社会责任感的企事业单位、社会机构组织团体、校友和爱心人士等社会力量加入资助工作中去，在校内设立资助项目，支持学校教育的发展，资助经济困难学生求学，帮助更多的家庭经济困难学生顺利完成学业，成长为社会所需的有用人才。

2. 加强多元化资助，做好监督管理工作

在国家资助政策的指导下，增加来自社会各界的资助和支持，为了达到最好的资助效果，高校应当量化资助模式。在管理各项资助金下发的过程中，也要注意做好监督管理，保证资助金额能使用好、管理好、发放好，真正下放到经济困难学生手中。

3. 在做好资助工作同时也要做好资助反馈工作

在各种资助项目的资助金额发放完成后，资助工作机构应及时进行调查，做好反馈工作，找出该期的资助工作中的不合理方面，不断修正不合理的地方，为往后工作提供经验。同时，公布学校资助工作机构的联系方式，包括办公地点、联系电话、信息发布网站以及咨询反馈邮箱等，接受校内学生和校外人士的监督和反馈。学校资助工作机构应该在受助学生和社会资助力量之间架起一座沟通的桥梁，即社会资助人士的良好精神和愿望能通过一定的渠道传达给受助学生，激发学生在行动上和精神上积极向上，同时能清晰地把资助资金的使用情况和学生对其的感恩之心反馈给社会资助人士，激发他们的社会认同感和社会责任感，从而形成一个良性循环。

高校资助贫困生的举措蕴含着人文关怀和品德教育。国家、政府机构、学校和社会各界通过资助学生，改变其生活状态，规范其道德行为，甚至改变家庭经济困难学生的人生轨迹。资助体系中资助项目众多，普遍性的资助项目和临时性的资助项目相结合，实现教育的持续性与资助的阶段性相结合，能力上锻炼学生、经济上帮助学生、精神上鼓励学生。

既从物质上资助困难学生又从精神上教育学生的资助政策体系，使受助学生能怀着感恩之心，拥有阳光健康的心灵，主动走向社会，去体验丰富多彩的生活，加深对国家、民族的认同感，促进其树立科学正确的世界观、人生观和价值观。

（四）学习借鉴国外先进资助理念

西方发达国家物质充足，对于教育事业投入大，他们同样也非常关注资助工作的持续性，例如美国的大学工读计划。大学工读计划鼓励学生在求学期间，利用自己的业余时间去劳动来获取报酬。学生在课余时间参加与课程相关的工作或参与社区服务工作可按小时或月获得相应的酬劳。在分配工作时，资助主体会充分考虑学生的受助金额、学术进展和上课时间，让学生能在更大范围内选择适合自己的工作，也能通过劳动赚取自己所需的生活费甚至学费。通过这样的方式帮助家庭经济困难学生增加收入、完成学业，也能锻炼学生的能力，鼓励学生参加社会实践，丰富课余生活，正确地引导学生。

此外，爱尔兰有推迟付费性资助、自主性资助和赠予性资助三位一体的政策。推迟付费性资助是指让学生先求学，完成学业进入社会工作后开始偿还教育成本的方式，需要偿还的教育成本资助包括毕业生税和贷学金等。自主性资助是指学生凭借社会和政府提供的劳动机会，主要是通过给在校学生提供的勤工助学机会，让学生通过自己的劳动解决个人的经济困境。赠予性资助，是指捐赠者为帮助大学生完成学业，无偿地赠予资金。高校在实施资助政策的同时，多鼓励家庭困难学生主动申请助学贷款，积极参与勤工助学，努力学习，争取获得来自国家、学校和社会多种资助款项，努力完成学业，摆脱家庭经济困难。

美国的PHE项目是由福特基金会资助，站在培养贫困生未来发展的角度来培养学生个人能力，并有针对性地帮助高校贫困生解决在学习、社会交往、环境适应和求职就业中遇到的各种问题的。如借助团体训练、技能培训、实践活动和心理辅导，帮助贫困生克服心理障碍和解决心理问题，培养他们的自立意识，提高他们的心理素质、生存能力、创新能力、交际能力和社会服务能力，使其掌握谋生技能，从根本上解决其经济困难问题，让贫困生能通过自身的能力创造财富，为他们的成长成才打下扎实的基础。我国高校在实施资助政策过程中，应鼓励学生有针对性地选择适合自身的资助项目，争取在获得资助的过程中也能提升个人的综合技能，能在社会竞争中取得优势。

国外的资助经验普遍是立足于帮助学生持续而全面发展所探索出的资助方式，与我国资助政策相吻合，与资助目的相一致，把无偿的物质资助内化成技能创造，解决学生经济困难的同时促进学生的内在发展，为构建持续发展性的资助体系提供了有效的借鉴。

三、关注贫困生心理，树立积极求助观念

从古至今，教育的目的主要是促进个体发展。根据传授知识的形式，教育可以分为隐性教育和显性教育。学生在学校里学习知识和技能等属于显性教育；进行资助工作的同时加强育人工作，在经济上解决学生困难的同时加强学生诚信道德品质的培养，正确引导学生的思想观念等属于隐性教育。"两手都要抓，两手都要硬"方针同样适用于教育。

（一）关注困难学生的心理，适时进行疏导和鼓励

高校家庭经济困难学生是有较高的精神追求和文化素养、内心敏感而复杂的特殊群体。实行资助工作要注重建立权利和义务相对应的机制，除了从经济上保障他们的权利，还要了解他们的内心世界，挖掘他们的潜能，加强沟通交流，适时进行疏导和鼓励，充分发挥资助的功能。

高校需要培养家庭经济困难学生自立自强的精神。高校部分学生特别是新生，面临突然改变的生活和学习环境，心理上或多或少有不适应，缺乏应变和面对挫折的能力，缺少面对现实的勇气。针对这种情况，高校既要及时让经济困难学生了解国家政策，清楚国家每年都投入大量的教育经费，出台各种资助政策，从经济上和精神上支持和帮助经济困难学生完成学业；也要关注经济困难学生的心理，引导经济困难学生走出负面消极的情绪，以积极乐观的心态面对困难，勇于依靠自己的力量解决困境，摆脱"等、靠、要"的不良思想，努力争取依靠奖学金、勤工助学等方式解决经济困难。高校通过疏导和鼓励，让经济困难学生意识到暂时的经济困难并不可耻，反而应该成为个人奋发向上的动力，而且这种经历也是人生的一笔财富。家庭经济困难的学生往往都具有吃苦耐劳、勤俭节约的美好品质，这有利于他们的成才。学校和社会在为学生提供资助时要及时地引导学生，让其了解他人的资助并不是理所当然的，也不是怜悯施舍，而是国家和社会的关爱；也应帮他们树立传递关爱和感恩的信念，让他们懂得权利和义务是对等的，激发其努力学习的动力，以回报社会。另外，要注重培养经济困难学生诚实守信的品德。高校的在校生正处于世界观、人生观和价值观的形成期，高校应适时加以引导，

把诚信教育渗透到日常教育教学,纳入日常教育管理;在普法知识教育中让学生懂得违规违法所需要承担的责任,教会他们诚信做人,知法守法。

(二)建立德育教育长效机制

目前,我国很多高校在思想道德教育中仍存在很多不足之处,学生容易因家庭经济困难而产生自卑心理,也容易出现抑郁、自闭等不良心态。在学生成长的过程中,不良心理因素会对学生造成影响。高校在进行资助工作的过程中,需要长期坚持德育教育。德育教育是一项潜移默化的教育工程,在社会生活中无处不存在德育教育的素材。学生资助工作应充分挖掘德育教育的正面价值,引导学生树立知恩感恩、关爱他人、诚实守信和自强自立的品德,让学生在接受国家和社会关爱的同时,懂得把关爱、感恩传递下去,并立志自强不息,这是资助体系的实质和目的,也是教育的现实价值。

(三)树立积极的资助观念

积极的资助观念有利于提高资助效果。政府部门在执行资助政策时应发挥主体地位,制定公平、公正的规则。资助政策执行的重要环节是学校,学校对资助的观念和态度在很大程度上影响着学生资助工作的效果,学校的积极参与能使资助工作更深入学生群体,使资助工作取得良好的效果。高校需要充分发挥资助项目的功能,如助学金和奖学金,在效率和公平上寻找平衡点,使用助学金帮助家庭经济困难学生,激发其奋发向上的精神。

第五章　大数据与高校学生管理工作

第一节　传统时代的高校学生管理工作

一、制约高校学生管理的主要因素

在高校学生管理实践中，学生主体性失落主要表现在：第一，高校学生制度空间带来的规训化结果。福柯在探讨知识与权力的关系时，提出"层级监视、规范化裁决、检查"三种手段，我国高校学生管理与之具有相似性。对于"层级监视"，往往通过高校学生管理组织建立相关制度，以明确的责权划分来执行不同的制度与规章。学生在量化的制度空间里，必须遵守相应的约束机制，才能保障学生管理的稳定性、一致性。在制度建设上，往往以强制手段来提升学生管理职能，强调对学生的严格管理，特别是一些"禁止""严禁"等词汇，无形中让教师变成了管理者的角色。在评价标准化上，高校学生管理制度往往以统一的标准及要求来规范学生，而忽视了学生自身差异性，忽视了学生的健全人格。第二，高校组织空间下的程序化管理。在程序化管理表现方面，一方面是宏观的学生管理组织结构，特别是以学院、院系、班级为特征的组织管理结构，依照纵向关系来实现权力的支配，每个学生都要受到管理者的监督与控制，而学生将成为改造的对象，受制于管理制度中。另一方面，在微观上，学生管理的组织单元为班级，相同专业的不同学生被安排在不同的宿舍，再以班级整体目标导向下实行制度化管理，强调班级制度，突出班级纪律，以封闭的班级管理模式来限制班级之间的互动。第三，以控制性文化空间来约束学生思想。从学生管理文化空间表现来看，一方面是实体化的理想教育，每个人都要划入相应的社会理想体系中；另一方面，同质化教育，将科技、知识、能力作为教育的主体，让学生成为技术的附庸。

二、高校学生管理的新模式

（一）强化高校课程改革

从实际情况来看，高校教育仍以应试教育为主，理论课程较多，实践课程较少，这也是我国教育的弊端。因为缺乏实践教育，培养出来的学生大多是高分低能，缺乏实践经验。社会发展需要实践创新人才，实践教育对完善学生自我管理教育具有重要意义，因为实践教学给学生们提供了广阔的学习平台、创新实践机会，从枯燥无味的课堂学习转入有趣的实践教学，不仅解放了学生，也解放了教师，激发了学生们的学习兴趣，在快乐中学习，在学习中实践，在实践中发现和找到自己的位置，在实践中完成创新，实现自我管理教育。

（二）强化思想教育

高校学生知识丰富、思维敏捷，但做起事来往往不计后果，直到发现错误时，才后悔莫及，这是因为高校缺乏思想教育。强化思想教育对加强学生自我管理能起到很好的效果，我们应从以下几方面入手：一是加强师生沟通，真诚交流，通过心贴心的交流，教师才能掌握学生们的心理和思想状况，才能找出高校管理、学生自我管理的办法。教师的言行始终影响着学生们的成长，也影响着自我管理教育的实现，因此只有通过热情交流，学生们才能尊重教师，从而使教师管理转换为自我管理。二是教师应充分尊重学生们的科研成果和学术意见，激发学生们的自主创新能力。高校是学术思想最为开放的地方，很多创新理论和科技发明都是在偶然间发现的，因此，应尊重学生们的学术意见，这是实现自我管理教育的好方法。学生管理需要加强以学生为管理基础的管理模式，将学生当作教育管理的核心，实现学生管理的人本化理念，加强民主、平等的管理精神，从管理目标出发，实现服务管理的转变。坚持一切以学生管理为主，充分发挥学生的优势特点，合理认识学生的优缺点，弘扬学生的个性，让学生从不同角度逐步提高学习水平，培养学生探索发现的创新精神和管理意识，提升学生的创新发展能力。

（三）强化文化体育锻炼

加强文化体育锻炼，重点是培养高校学生的集体观念、团队意识，改变学生们自私自利、孤僻、高傲的性格，培养积极向上的性格。高校教育除了要传授知识、开展实践教学以外，还要注重学生的心理健康和身体素质，有了积极向上的心理素质和身体素质，学生自我管理教育才能顺利实现。心理素质与自我约束、自我管理紧密相连，如高校举办足球、篮球比赛，户外越野爬山等活动，通过这些活动既锻炼了身体，又促进了学生的团结、互助的集体观念，不但有利于学生自我管理教育，还能塑造学生良好的思想性格。

（四）加强网络安全管理

高校学生管理中出现的种种问题，很大部分是受网络传播的影响，要实现自我管理教育，还需加强学校网络安全管理，净化学校网络环境，将一些暴力网站、黄色网站进行严格清除和屏蔽，给学生们营造积极健康的网络环境。学生也应发起文明使用网络、绿色网络的倡议，在集体的呼吁下，配合公安部门严厉打击网络犯罪，使校园网络环境积极向上。只有保障健康的网络资源，才能使学生们接触安全的网络信息，进而对学生们的心理产生积极影响，使其树立正确的人生观、价值观，避免网络犯罪行为，消除消极的思想。

（五）创新校园发展环境

为学生提供良好的生活学习环境，创建科学的教学发展管理观念，以科学教育为主线，以重大节日为发展管理契机，加强文体活动的发展，营造健康的文化发展，逐步引导学生从思想上认识到文化环境管理建设的重要性。注重个性化文化发展，以学生活动标准为目标，加强校园文化建设，丰富校园文化，实现学生的全面快速发展。

（六）强化人文管理，构建和谐管理关系

良好和谐的师生管理关系是有效建立大学校园环境的基础。学生管理人员要重视学生的情感管理，从学生角度多理解学生、尊重学生，加强对学生的帮助和支持。以有效的执行管理能力，理解学生、关心学生、服务学生，实现校园师生平等管理关系，重视学生的思想发展，减少学生的心理障碍，实现学生的人格塑造和发展。

（七）发展学生组织能力

切实以人为本思想，加强学生组织能力的培养，充分发挥学生的积极作用，不断完善学生的自我学习能力，加强学生的党政建设管理水平，创新研究学生的党政管理建设形势，从而使学校更好地拓展招生发展规模，不断提高学生的学习和生活管理。组织学生以团体形式，开展自我评价管理活动，提升学生素质，引导学生创办适合学生发展的社团，通过合理的活动，实现学生素质水平的多样化发展。

（八）规范学生管理制度

从学校管理制度模式出发，正式开展规范化、法治化的管理模式标准，加强学生基础权力的规范建设，处理好程序的规范性标准。及时有效地处理学生中存在的不利因素，充分尊重学生的知情权、申诉权。学生管理人员要结合学生合法权益，维护学生的监督管理权力，制订符合实际制度管理标准的方案，尊重学生的管理意见，听取学生的管理要求，鼓励学生监督学校的各种工作，对不合理的工作进行汇报反馈，真正落实学生的发展需求，实现学生与校园的和谐稳定发展。

第二节　高校学生管理工作大数据的概念

随着信息技术的快速发展，大数据时代正悄然来临，高校作为思想、信息、知识交流的前沿阵地，在管理方式和管理观念上势必要受到大数据的深刻影响。如何应对大数据时代下的高校学生管理工作情况以及如何做出相应的应对措施，是摆在人们面前的重要课题。本节对此进行了研究并提出了部分建议。

目前，互联网的状态产生了巨大的变化，移动媒体的大力推行，让互联网的"流通疆域"更加广泛。自2013年被认定为"大数据元年"后，大数据时代就已经来临，大数据时代让受互联网影响的人和事物再次面临着改变，政治、经济、文化乃至于教育都接受着全新的影响。高校作为思想最活跃、知识最密集、网络信息技术运用最充分的前沿阵地，因而对学生的服务理念和服务模式都应该采取新的方法，让学生管理工作多元化、科学化、现代化，进一步深化学生管理工作，是形成高水平学生管理工作的必经之路。

一、大数据的概念和当前发展现状

关于大数据的定义，麦肯锡全球研究所给出的定义是：一种规模大到在获取、存储、管理、分析方面大大超出了传统数据库软件工具能力范围的数据集合，具有海量的数据规模、快速的数据流转、多样的数据类型和价值密度低四大特征。这四大特征，也被广泛看成4V说，即规模性（Volume）、多样性（Variety）、高速性（Velocity）和价值性（Value）。

大数据的应用关键不是其范围的"大"和"广"，更不是"数据"这一核心概念，大数据开展的关键主要是精准运用数据中的人力、物力、财力三个因素，并能创造出价值。中国大数据市场起步于2009—2011年，行业关注度直线上升。2012—2013年，由于技术相对不成熟，大数据技术落地存在困难，行业混乱。自2014年开始，随着商业模式的逐渐清晰和大数据技术的成熟，大数据的市场应用进入高速发展阶段。

二、大数据环境下高校学生管理工作的现状

（一）学生管理工作者思想准备不足

在传统思维模式下，对于学生的管理主要依靠于规章制度和教师的说教。而管理的效果主要依靠教师的管理能力，学生管理工作者习惯于用传统的管理方法解决问题。在大数据的环境和背景下，分析学生的思想或者观察学生的行为，都要依靠数据，大数据的出现让学生管理工作者开始统计各方数据，而不能简单地依靠日常的考核。各方数据统计出来之后，应该转变思维方式，改变工作思路，重视大数据带来的新变化。

（二）学生管理工作者管理水平缺乏

互联网高速发展的一个重要信息就是信息数据的激增，其中比较常见的是上网使用浏览器会在网络地址上面留下记录，同时运用打字输入法时会在电脑中经常记录的词汇，很多手机软件使用者的电脑信息数据会上传到网络上面，让数据呈现爆炸式增长。在高校，随着信息化建设的逐步完善，学生管理工作者获得的数据越来越庞杂，这就需要专门的人才对数据进行分析、解读。在国外，诸多高校已经成立专门机构收集整理数据。反观国内，没有专门的数据管理机构，没有良好的管理体制和管理方法，从而导致数据的完整性差、准确率低，对高校学生的管理工作造成诸多不便。

（三）大数据的技术作用尚未开发应用

虽然说现在有的高校已经加强了对互联网工作的认识，能够充分利用互联网的优势开展工作。但是，对于数据的收集、存储、处理和分析，没有得到学生管理工作者深层次的运用，甚至于没有被他们所了解。更

不用说通过数据分析,来知晓学生的学习状态、生活状态以及对他们的问题处理和追踪。造成这方面的原因就是,大数据的技术没有得到完全开发和运用。更深层次的原因就是各高校人才的缺乏和对于技术的限制。

(四)对学生相关数据信息的采集和信息安全的管理问题

大数据时代顾名思义,高校对于学生的管理都应该和数据相关,都应该以数据为基础进行分析。而分析的基础就是对相关数据进行采集。学生的个人基本信息、家庭信息、成绩信息、平时表现信息等和学生相关的一切信息都应该进行收集、分析。但是由于大数据时代刚刚来临,没有一套统一的数据规范及数据管理方式,造成数据统计的标准不一致,这就造成数据统计量的增加、数据统计后分析工作的繁杂。

大数据时代的另一个需要注意的方面是对于收集到的学生信息安全的管理问题。在传统信息时代对于学生的信息安全保护也是一个重要的问题,而在大数据时代,学生的信息安全更为重要。

三、大数据时代高校学生管理工作的应对策略

(一)转变传统思维模式

大数据时代对于高校学生管理工作者首要的要求就是及时转变思想观念,树立大数据意识。将大数据思维融入实际工作之中,在实际工作中及时收集数据、统计数据、分析数据、存储数据,对数据背后的信息进行研究,分析数据背后的深层次原因,为学生管理工作提供数据上的支持。总之,通过运用大数据的思维模式解决大数据的问题,而不是沿用传统思维模式解决大数据的问题。管理者只有提高认识转变思维,才能推动大数据应用的发展。

（二）提高学生管理队伍的信息处理技能水平

大数据时代学生管理工作者每天要面对纷繁庞杂的数据，如何处理这些数据、选择出有价值的信息、分析出数据背后的深层次意义，这些都要求高校学生管理工作者必须拥有处理信息的能力、有驾驭复杂问题的水平，也就是说，大数据时代需要更多的数据技术性复合人才。从我国现阶段的管理队伍来看，要在短时间内拥有一支可以处理大数据能力的队伍，必须要求学生管理工作者不断地进行各类不同的技术培训，掌握数据的理论研究方法，提高计算机使用能力和信息的处理、分析能力。能够通过对数据的分析及时了解学生的思想动态状况、了解学生所关心的热点问题。

（三）创建高校间大学生数据交流平台

现在各高校都会有自己的对学生的信息统计数据，但是各高校间的统计方式必然是有区别的。那么在大数据时代来临之际，如何将各高校的数据整合在一起，做到信息共享，更好地为学生服务，一个有效的办法就是创建高校间的数据交流平台。在推进信息化建设过程中需要提高对数据信息的敏感性，主动收集、整理信息数据并认真分析。

（四）加强信息监管、制定相关制度

大数据意味着信息量的增加以及信息泄露概率的增加。一旦这些信息被泄露出去，会造成很大的数据风险。信息安全是一项技术类问题，同时也是管理问题，因而必须加强对信息的监管力度、建立完善的信息安全保护制度。同时，加强对重点领域数据库的日常监管。

总之，高校学生管理工作者应该把握住机遇，以积极的热情迎接大数据时代的到来。转变思想、扩展思维、积极学习相关知识，以良好的状态迎接学生管理工作的创新方法，为学生的成长成才、为高校的持续发展贡献自己的力量。大数据技术必将在高校学生管理工作方面得到广泛运用，高校学生管理工作必将迈上新的台阶。

第三节 高校学生管理工作大数据的特点

随着大数据时代的到来，既给高校学生管理工作带来了许多机遇，又带来了许多挑战，现代高校学生管理工作已离不开对大数据的应用。本节介绍了大数据的内涵与特点，分析了大数据时代给高校学生管理工作带来的机遇与挑战，并结合实际提出了大数据时代加强高校学生管理工作的有效策略，希望有助于我国高校学生管理工作的进步与发展。

在大数据技术不断发展的今天，社会已然步入了大数据时代，在大数据时代下，社会各个领域、各种行业、各项工作都深受其影响，高校学生管理工作也不例外。实践表明，通过大数据技术的应用，可以有效加强高校学生管理工作。

大数据是指规模巨大与类型复杂的数据的集合，其主要是依托计算机网络技术、信息技术、数字技术等高新科学技术来实现大数据的捕获、存储、分析、处理以及预测等功能。大数据的特征是体量大、多样性、价值高、速度快。

一、大数据时代给高校学生管理工作带来的机遇与挑战

（一）大数据时代给高校学生管理工作带来的机遇

首先，高校学生管理工作有效开展的前提是教师充分了解学生的思想、情感及行为动态，并据此合理把握学生管理工作的方向与重点。在大数据时代下，基于先进的大数据技术，可以使教师在调查收集学生相关信息时更加方便迅速，并保证信息收集的全面性与准确性。有了大数据技术后，能够大大降低学生信息收集难度及学生管理工作难度，实现更加精确化的学生管理。其次，当代大学生普遍个性突出、自我意识强，因此在高校学生管理工作中应注重个性化管理，要善于根据学生的个性化特点顺势而为，在充分尊重、理解、关心学生的前提下，引导学生从主观心理上意识到自己的缺点与不足，进而主动改善缺点和弥补不足。在大数据时代下，教师通过大数据的应用可以制订出更加符合学生个性化特点的学生管理方案，以实现个性化的学生管理。最后，教师还可以借助大数据系统来调查了解学生对学校各项工作活动的接受度，或直接给学生发放在线调查问卷来开展调查。

（二）大数据时代给高校学生管理工作带来的挑战

首先，在大数据时代下，大数据应用意识对于部分高校教师来说是一个不小的挑战。若想在高校学生管理工作中实现对大数据的有效应用，需要教师具备较强的大数据应用意识，否则对大数据的应用就只能流于形式。但就现状来看，受传统学生管理工作观念和工作模式的影响，很多高校教师尚未形成较强的大数据应用意识，特别是在学生管理工作中遇到问题时，并不能及时想到应用大数据工具来解决问题。其次，大数

据时代所带来的数据筛选与处理挑战也不容忽视。大数据的数据规模庞大、增长迅速，所以虽然它能够为高校学生管理工作提供更多的数据信息资源，但并非全部数据都是有用数据，若想在实践中充分发挥出大数据的作用与价值，必须先对数据进行有效的筛选与处理。对此，高校应进一步构建完善的数据模型，不断地提高数据筛选与处理效率。

二、大数据时代加强高校学生管理工作的有效策略

（一）强化在学生管理工作中的大数据应用意识

在大数据时代下，应用大数据来加强高校学生管理工作是一次大胆尝试，也是必然趋势。只有广大高校教师先具备了较强的大数据应用意识，才能够在实际学生管理工作中有效发挥出大数据的作用与价值。因此，高校教师应顺应时代潮流，强化在学生管理工作中的大数据应用意识，积极运用大数据工具及相关技术来提高学生管理工作效率、解决学生管理工作中遇到的问题。

（二）开辟线上学生管理工作渠道

随着大数据时代的来临，高校学生管理工作渠道已经不再仅仅局限于线下，各种线上管理工作渠道展现出了巨大的发展潜力，所以高校应积极开辟线上学生管理工作渠道，以便更好地满足大数据时代下的学生管理工作实际需求。例如，在高校学生思想政治管理工作中，可以通过QQ群、微信群、微博主页、微信公众号等各种线上渠道来开展相关工作，一方面可以将思想教育内容以音频、视频、动画等更加生动趣味的形式呈现给学生，以增强学生的兴趣、提高学生的接受度；另一方面可以摆

脱时间与空间的桎梏，提高思想政治工作的灵活性。此外，由于线上信息更容易转化为数据资源，所以通过开辟线上学生管理工作渠道，还能够方便对学生的思想、情感及行为动态进行动态化监控与管理。

（三）基于大数据模型模拟制订个性化学生管理方案

每个学生都是独一无二的，不同学生的性格、爱好、特长、经历、学习情况等各不相同，思想、情感及行为动态也各不相同，所以在高校学生管理工作中，切忌对所有学生一概而论，而应善于根据学生的个性化特点采取具有针对性的管理策略，注重开发学生的个人潜能。在大数据时代下，教师可以基于大数据模型为学生模拟制订个性化管理方案，以提高学生管理的针对性与合理性。

（四）建立健全"三全育人"体系

在大数据时代下的高校学生管理工作中，离不开"三全育人"体系的落实，因此高校应尽快建立健全"三全育人"体系，使各部门之间形成一股合力，共同去加强学生管理工作建设，更好地实现学生管理工作目标。"三全育人"体系中的"三全"是指全员、全方位及全过程。具体来说，高校人事部门应充分发挥好人事管理职能，加强对教职工综合素质和能力的培育；教务部门应做好统筹与支持，针对学生管理工作提出具体的实施办法及制定科学的管理考核制度；党政部门应发挥好带头作用，加强对学生管理工作的领导与指导。

（五）通过大数据技术加强网络舆情把控

在网络时代下，高校学生从网络上所接收到的各种信息和观念既有积极的、正面的，也有消极的、负面的，其中消极的、负面的信息和观念主要来自一些网络舆情。在现实生活中，部分学生由于社会经验不足和知识视野有限，所以存在着思想政治观念不坚定的问题，极易受到网络舆情的影响而在思想和行为上发生偏移，基于这种情况，给教师带来了许多网络舆情把控方面的挑战。而通过大数据技术，可以方便调查和分析网络舆情及学生的思想动态，从而加强网络舆情把控。

（六）利用大数据完善学生档案管理信息化建设

学生档案管理是高校学生管理工作中的一项重要内容，在大数据时代下，利用大数据完善学生档案管理信息化建设意义重大。档案管理信息化系统能够提供全面的档案管理功能。但需注意，在档案管理信息化建设过程中，应选择更加先进、优质的系统软件，并加强系统维护，定期对系统进行更新升级或更换。

（七）提高教师的大数据素养

人力资源是第一资源，若想充分发挥出大数据对高校学生管理工作的作用与价值，必须要先使广大高校教师具备较高的大数据素养。所以，高校应加强对教师的大数据素养培育，确保教师熟练地掌握大数据系统软件的操作方法。同时，除了提高现有教师的大数据素养外，高校还应进一步加大人才引进力度，利用良好的条件来吸引更多具备较高大数据素养的教师人才加入高校当中，以充分满足高校学生管理工作的人才需求。

综上所述，在大数据时代下，高校学生管理工作正面临着许多机遇与挑战，而若想把握住机遇，充分发挥出大数据的作用与价值来加强高校学生管理工作，就应积极强化学生管理工作中的大数据应用意识、开辟线上学生管理工作渠道、基于大数据模型模拟制订个性化学生管理方案、建立健全"三全育人"体系、通过大数据技术加强网络舆情把控、利用大数据完善学生档案管理信息化建设以及提高教师的大数据素养。

第四节　高校学生管理工作大数据的提取技术

　　大数据技术已经在很多领域中被广泛应用。对于高校这个人才培养基地来说，学生管理工作的展开应该和大数据技术充分结合。因为提高学生管理工作的质量，有助于为教育活动的开展创造良好环境条件，所以高校应该增强学生管理工作的创新意识，让大数据技术的优势充分发挥出来。本节主要就基于大数据的高校学生管理工作创新策略进行研究，希望可以产生参考作用。

　　计算机技术以及信息技术的飞速发展，让大数据技术的应用范围更加广泛。大数据很大程度上改变着大众的生活与工作方式，大大提高了日常生活的便捷性以及工作效率。高校作为培养专业人才的重要场所，除了要采取科学的教学手段来提高教学质量之外，同样要加强对学生管理工作的重视，这样才能为学生创造一个和谐有序的学习与生活环境。高校的不断扩招导致由学生产生的数据信息越来越多，实践表明，将大数据技术和高校学生管理工作相结合，能够显著提高学生管理工作的质量，因此高校应该积极探索大数据时代背景下学生管理工作的创新策略，不断优化在学生管理工作中遇到的难题，为人才培养工作的展开提供有利条件。

一、高校学生管理工作中应用大数据技术的重要性

新时代背景下，国家之间综合实力的竞争就是高级人才资源之间的竞争，为了确保培养出来的专业人才能够充分满足社会的发展需求，高校应该同时加强对教育质量和管理工作的重视。因为井然有序的校园环境有助于培养学生的责任、规则意识，并提高学生的思想道德水平。大数据技术在多个领域中进行应用之后能够产生显著的推动作用，有研究表明，大数据在高校学生管理工作中运用之后同样可以产生积极影响，其意义可以从两个方面进行分析。

（一）有助于提高学生管理工作的效率和准确率

在高校中，学生的数量通常数以万计，便会产生大量的数据信息，比如学生的家庭住址、考试分数、学分积累等。在传统的高校学生管理工作模式中，一般是通过信息工具录入学生信息，或者统计纸质档案等形式，来归类处理学生的个人信息。传统的学生信息管理方式不仅需要耗费大量的人力、物力，而且还难以保证统计信息的准确率，一旦某个环节出了差错，可能直接导致需要二次操作。运用大数据技术可以有效避免以上情况的发生，因为大数据技术处理信息时既快速准确，又可以进行跟踪统计，也就是大数据技术能够让学生信息实时更新，并且分析数据的方式也更加科学，可以直接呈现出理想的统计结果。另外，在高校学生管理工作中运用大数据技术不仅可以节约人力、物力，还可以大幅度降低行政工作成本，因为传统的学生管理工作中需要大量纸质档案，而应用大数据技术只需要耗费网络资源就能节约纸质档案的资金投入以及行政人员的人力成本，所以高校应该提高对大数据技术应用的重视。

（二）有助于提高学生管理工作的信息利用价值

传统的高校学生管理工作模式主要是通过为每个学生建立纸质档案或者简单的信息数据方式来开展管理工作，但是因为学生的信息数据数目很庞大，而且信息种类也很多，因而需要行政人员依靠工作经验来完成学生管理任务。由于管理者的工作任务很重，因此对数据信息背后反映出来的问题没有进行深入了解，比如学生的思想状况、专业综合素养、行为习惯等，这些数据信息对于人才培养质量的提升有着很大的促进作用。大数据时代环境下，一方面可以通过大数据技术来高效处理庞大数目的学生信息数据，将其进行系统的整合、分类，便于查找和运用信息，大大提高了学生管理工作效率；另一方面，可以通过大数据技术来将学生信息以直观可视化的方式展示出来，比如把数据信息制作成表格，这样能够简单明了地看出问题所在，进而可以对大学生的个体问题展开策略讨论，及时纠正学生的不良行为习惯，也能发现学生的学习潜能，有助于实现培养个性化人才的教育目标。

二、基于大数据的高校学生管理工作创新策略

大数据技术对提升高校学生管理工作效率产生了重要的推动作用。随着大数据技术的不断发展，高校应该继续加强对学生管理工作创新策略的研究，从而可以为在校大学生创造一个良好的学习环境。

（一）积极改进学生管理工作理念

工作理念能够对日常学生管理工作的开展产生导向作用，基于大数据环境下，学生管理工作者应该积极采取与时俱进的工作理念，主动探索适合大数据环境的学生管理工作创新发展道路。首先，从事学生管理工

作的人员要对大数据有正确的认识，明确知道大数据在学生管理工作中应用的优势所在，然后在高校制定管理决策时提供科学规范的信息参考。其次，要深入了解大数据的存在价值，它并不是一种简单的数据信息收集技术，还可以对数据信息进行深度解析，从而能够对教育目标制定以及学生管理工作的开展提供有参考价值的信息结果。

（二）应加强对学生管理信息化建设的重视

大数据在高校学生管理工作中发挥的优势越来越突出，不过在学生管理工作中应用大数据技术并不是唯一的创新路径，而是要让高校管理者在大数据背景下具备良好的管理创新意识。调查结果显示，大数据在高校学生管理工作中的应用情况还处于研究阶段，并没有形成完善的运用体系。因此，高校管理者可以尝试逐渐推动学生管理工作信息化建设的方式，借助于信息技术的力量来提高学生管理工作效率，这既是创新管理工作思维的表现，也能够为大数据技术的高效运用创造良好环境。

（三）建立大数据技术应用人才队伍

基于大数据视角下，有越来越多的高校意识到将大数据和学生管理工作相结合的重要性，因此为了让大数据的优势能够在学生管理工作中充分发挥出来，高校应该建立一支专业的大数据技术应用人才队伍，这样有助于深入挖掘学生数据信息带来的参考价值。一方面，高校应该加强对现有管理人员进行大数据应用能力培训的重视，可以邀请大数据领域的专业人员到校开展主题培训，这样可以促进管理人员的大数据技术业务能力提升，同时还能节约专业人才的引进成本；另一方面，可以制定自主学习激励制度，来提高现有管理人员自主学习的积极性，因为大数据技术是不断发展变化的，除了要对管理人员展开培训之外，增强他们的自主学习意识也很重要，这样可以保证管理人员及时掌握先进的大数据技术，从而能够让学生管理工作效率不断提高。

综上所述，大数据可以有效提高高校的学生管理工作效率，但是高校还需加强对学生管理工作创新策略的研究，进而才能跟上大数据技术发展的步伐，可以通过实施改进学生管理工作理念、加强信息化建设、建立大数据技术应用人才队伍等方式，不断创新大数据与学生管理工作相结合的路径，促进学生管理工作的创新性发展。

第五节　大数据与高校学生管理工作深度融合

由于大数据时代的学生管理模式与传统的学生管理模式之间存在一定的影响，大数据时代的到来不仅给学生管理带来了良好的发展空间，同时也给学生管理带来了巨大的挑战。面对海量的信息，传统的学生管理模式已经不能适应时代的发展和要求，也不能更好地解决问题。在大数据时代，高校学生管理平台缺乏良好的经验，无法对问题做出科学合理的判断。另外，很多信息的真实性无法准确判断，不能及时有效地挖掘和利用有用信息。因此，高校应把转变管理理念、培养专业团队、开展制度建设作为学生管理的中心和重点，有效帮助学生提高自身素质，促进学校健康发展。

随着移动互联网技术和人工智能等新一代技术的普及和发展，大数据作为一个全新的时代观念，甚至正逐渐地渗透到各行中的人们对于大数据的管理及应用认知之中。大数据主要是通过人工智能化技术和互联网络等新一代技术收集并整理了大量的信息资源，使得多变、海量的信息资源能够迅速、高质量地被分析和整理出来，通过专门设备和技术辅助日常工作的开展，为日常工作提供了信息支持和渠道参考，选择多样化、针对性强的方法。这种新型的大数据功能是其他传统的手工运算无法相媲美的高效和优良的质量。它能够有效且合理地分析和处理海量的信息，提取出一个社会经济发展过程中人们的工作和日常生活必须要求的数据和信息。在当今的大数据时代，我们首先必须依靠一个计算机的智能化技术、互联网的技术和社会经济环境、通信技术等，在此基础上，我们就可以对大数据进行收集和分析整理，通过这些技术和装置的支撑，更好地向我们反映和了解到实际的企业工作情况和生活中的细节。大数据的信息相对较传统的数据采集方式更广泛、更全面、更真实，效率也相对较高。它不需要手动逐个收集和排序。通过专业的计算机语言进行编辑后，需要通过计算机进行更多的智能采集，减少人工操作和干预，提高数据采集和整理的效率，减少人力资源的消耗。数据分析和排序更有针对性，可以根据实际需要进行个性化设计，从而在海量信息中提取出人们所需的关键信息内容，避免其他不必要内容的干扰。

一、浅谈大数据运用在高校学生管理工作的作用

大数据技术的融合将推动高校学生管理进入一个新阶段，对高校学生管理现代化具有深远的意义。

（一）有利于管理工作的有序进行

在国内教育行业，大数据技术最显著的优势是推出了一系列基于

MOOC的在线课程，并得到了快速发展和广泛普及。这一系列课程的出现，对高校在学习管理中面临的诸多问题给予了一定的重视和帮助。就前期高校内部学生管理而言，由于学生人数众多，受教育时间偏好限制，学生群体在管理期间会遇到非常复杂的问题，这将对高校内部学生管理的有序进行造成一定的干扰。这项技术的出现可以更好地解决这些问题，促进学生群体逐步摆脱传统的简单化教育方式，更好地培养大学生的积极探索能力，对教育者的依赖程度也没有传统教育环境中的那么高。在这种情况下，管理者对学生的实际管理相对宽松。他们可以利用学生管理软件工具，根据学生的学号等基本信息，有效地管理学生的相关工作，既可以节省时间，又可以减少很多复杂的工作。以大数据技术为基础，管理者可以更好地提高工作效率和质量，积极投入更多的时间和精力进行管理。因此，大数据技术更有利于高校学生管理工作的顺利进行。

（二）有利于实施管理工作信息化

在高校内部学生管理体系中，它是不断优化的，其基本内容是管理理论。然而，大数据理论的大量普及和应用为岗位优化提供了有利条件。大数据技术可以促进学生管理的全面实施，如信息收集、资源高效利用等相关管理信息。与以前的信息处理形式相比，大数据技术在数据采集和结果分析方面显示出非常强大的优势。该技术为优化和改进高校学生管理提供了极大的帮助，如更方便地收集信息和数据。大数据在获取信息、数据源、类型和时间方面具有速度快、范围广的优点，可以用于学生管理，更好地提高信息采集的数量和类型，从而获得更多的学生群信息，为以后的数据处理打下良好的基础。其次，该技术采用存储方式，可以快速处理信息，提高工作效率和质量。由于高校内部学生管理工作的复杂性和繁重性，迫切需要引入大数据技术，帮助管理者改进现有的管理形式，让他们有更多的时间和精力关注有特殊需求的大学生和管理工作的创新。

二、当下高校学生管理工作面临的时代挑战

大数据时代已经到来，同时，它也给教育带来了机遇和挑战。在享受大数据时代带来的便利的同时，教育者也应该接受大数据时代赋予的任务。高等教育大众化促进了大学生规模的快速增长。目前大学生群体中，95后和00后已逐渐成为主体。这些"网络一代"大学生的显著特点是他们"有选择性"，特别注意事物的选择。此外，当代大学生的家庭背景和文化背景存在差异，这使得传统的学生管理在这一过程中非常困难。传统的学生工作管理方式，通过班长和团支部书记进行学生沟通和汇报，必然会代表"泛化"的主观风险，降低学生工作管理的有效性。因此，在这种困难的环境下，我们可以利用大数据技术，通过管理模式的优化和管理模式的转变，实现对学生的高效管理。

（一）海量数据带来的信息挖掘困难

在当前大学生的交流和学习过程中，几乎都是在网络环境中成长起来的，而在这种环境下，交流内容会通过视频、文本等形式进行传播和学习，这比传统的学习方法更加复杂。当然，这些数据可以反映大学生在日常生活和学习过程中的行为动态和内心感受以及大学生管理者如何从复杂的数据资源中挖掘有价值的信息来指导学生管理。例如，通过对大

学生借书的相关数据进行整理，可以加深对学生阅读兴趣、兴趣爱好和思想倾向的了解。此外，通过分析学生之间的交流内容，可以及时关注学生的心理状态，从而提高学生管理的效率。事实上，这些新的海量信息不仅可以挖掘学生的需求，而且也为学生管理工作奠定了一定的基础和资源。

（二）网络信息安全威胁严峻，专业化师资欠缺

在当前信息社会环境下，基于互联网的各种内容和资源尤为丰富。由于对互联网缺乏了解和安全意识，许多学生经常遇到信息丢失或欺诈。因此，在这种非空虚的环境下，学校作为主体，应该更加重视以上两个方面，提高网络系统的管理水平，加强网络信息安全意识的培养。而且，由于很多教师没有及时应用和学习新技术，在操作相关系统的过程中往往无法发挥其功能，角色大大削弱，缺乏一定的大数据思维，这些问题严重影响了个性化教育的推广。例如，很多学生热衷于QQ、微博等平台的交流，但很多教师却不能使用，这对双方的交流产生了很大的影响。因此，高校学生管理者应做好辅导员队伍的培训和指导工作，提高数据集成和数据挖掘能力，分析和解决各种问题，以提高学生管理的效率。

三、大数据背景下高校学生管理模式创新发展策略

高校在应用大数据技术时，应转变思维方式，规范采集规则，加强监管等措施，促进大数据与学生管理的融合。

（一）创新教学方法，促进高校学生的个性化发展

大数据时代的到来为教育方式的创新提供了技术支持和保障。具体来说，教育活动将涉及大量的数据信息，这些数据信息种类繁多，这对高

校学生教育管理者提出了更高的要求——抓住时代发展的机遇，推动教育教学方法的创新。在思想教育过程中，通过大数据和信息手段的应用，寻求教育理念的转变，促进思维方式由因果向关联的转变。在教育管理阶段，大数据技术的应用有助于收集信息。以一所大学为例，为了收集学生的数据信息，该大学在学生座位上安装了传感器。该传感器可以采集学生上课时听、玩手机的次数和时间。收集完成后，将信息上传到与其相连的大数据系统，系统分析这些现象产生的原因，探索学生课堂学习状态与学习效果之间的内在关系。经过数据处理后，学生学习动态的数据呈现为教育管理的发展提供了理论支持，从而促进学生综合素质的提高。

（二）合理优化高校学生管理意识

在大数据时代，高校可以通过科学应用网络设备，在学生管理过程中获取丰富的数据和信息，弥补管理经验的不足。高校学生管理者在管理学生时，必须科学树立正确的管理意识，创新学生管理模式，有效完善高校学生管理工作机制，确保学生在学习中的主体地位，及时掌握学生思想动态，根据学生思想特点进行科学管理。教师应了解学生的兴趣和关注点，使学生管理具有更广泛的影响力。有效收集学生相关数据和信息，深入分析学生思想特点和思想动态，明确学生管理。

（三）大数据技术辅助学生安全健康管理

通过互联网信息化与实际工作的充分结合，改进传统管理模式，大数据背景下的学生管理才能适应新时代的特点。通过信息化建设更有效地促进学生身心发展，也是时代对高校管理提出的新要求，体现在更全面、更多维、更准确的优势。大数据模型不应该仅仅是记录数据的模型。为了利用大数据技术对大学生进行管理，有必要对收集到的数据中的学生行为信息进行分析。根据收集到的学生信息，对学生进行心理和生理健康评价。这样可以发现学生心理思维和学习状态的异常，有助于在学习管理中给予学生客观的帮助。例如，如果学生由于某种原因患有或即将患有严重的精神疾病，他们可以根据大数据分析，预防或采取一些有针对性的措施来有效缓解学生的情绪，这有利于学生的健康发展。在大数据技术的科学应用中，分析数据可以帮助管理者更好地了解学生的心理状态，确保学生的健康和安全。

（四）引进专业人才加强信息化建设

高校学生管理领域的海量数据是大数据分析的前提。然而，要得出科学合理的结论，找到学生行为之间真正的内在联系，离不开科学的数据分析方法。因此，在外部，高校可以加强对相关数据分析人才的引进，提供优惠条件，提高对人才的吸引力；高校内部可以培养具有空间感和想象力的高素质创新人才，加强信息化建设，为科学研究提供完善的软硬件设施。

通过合理优化大学生管理意识，创新教学方法，确保高校在大数据时代更科学地运用信息技术进行学生管理，有效应对大数据时代给高校学生管理带来的挑战，确保高校对学生管理更加科学，有效地提升学生管理的效果，推动我国高等教育现代化和经济建设对高校教育和学习活动的进一步开拓和发展。

第六章 大数据时代学生管理的理论创新

第一节 大数据时代高校学生管理工作的重要意义

在互联网络广泛普及的计算机技术时代，种类繁多的巨大信息数据体系，将人们不经意地带入大数据时代。根据对虚拟数据的认知的改变，高校管理模式从新的层面产生了另一种不同的建设模式。总结以往对高校学生的管理模式的不足和难点，以大数据时代为前提做出更有针对性的管理模式，分析社团这一组织形式对于高校学生管理的积极意义，探索有效的、实质性更强的高校学生管理模式。

大数据有着数据规模庞大这一特点的同时，数据背后的可挖掘利用的有用价值也是大数据的优势之一，但这些特征不能完全地总结大数据的全面意义，大数据时代的不断变化使其定义也不断地被充实和扩大。国家发展一定是以教育为基础的硬性条件，如今国家建设得如此强大与高校教育成果是分不开的。随着各大高校规模的扩大和发展，原有的师资力量显得有些单薄，这直接造成了管理力度缺乏和混乱的管理现象，教育团队超负荷的工作量使得管理模式老旧而缺少新意。然而高校学生在大数据时代里的海量信息内容的应用与普及，让高校教育工作者们看到了新的希望，在有限的师资条件短缺的情况下，与大数据进行尝试性的融合，从而达到管理模式的创新。

一、大数据的了解

（一）大数据内涵简析

从宏观的角度来说，大数据的庞大数据规模和其背后可利用价值是它的主要特征，从细致的角度去观察大数据，它还有着快捷、真实、繁杂的微观内涵。我国现阶段的一些思想转变对大数据造成的作用有：数据的全面化分析对事物本质的影响；数据的庞大无章法使得人们不再深究它的准确性；事物的因果关系复杂而不能有效掌控，导致重心变成对彼此之间关系的关注。

（二）深入认识大数据

在高校学生体系中，每名学生都拥有截然不同的信息情况，近两年来高校学生更喜爱通过微博这类的社交平台，将自己和身边人的写实自拍、原创的搞笑视频片段等有鲜明个人特色的内容发布出去，这就产生了多元的社交群体，高校学生之间的交互式评论使其制造的信息数据不间断地增长，这个速度正以惊人的增长势头刷新人们的价值观。大数据时代先进的教学管理模式中，一些与时俱进的变化也是不错的特征表现，如高校学生学籍的注册、校内生活消费息息相关的校园卡、学生的课时出勤、学生课业选课及考试成绩的评分等等，都是以新媒体应用形式与高校学生进行有效的联系。这些贴近高校学生的在校生活起居的大数据分析，充分展现出了数字信息领域已经在高校学生管理当中起到了很好的作用。

（三）不完美的大数据

大数据的内容繁杂不稳定使其显得混乱而难以掌控，各高校的管理系统并没有明确的建立模式，一成不变的管理模式和手段，完全不能满足大部分高校管理工作者的需求，学生的数据信息的不统一使其准确度大大降低，这让大数据的优势打了很大的折扣，也让高校学生在管理应用中处处碰壁。传统数据分析方法导致大数据资源不能更好地得以利用，众多高校基本都是以传统的纸质问卷形式来调查数据，将其作为参考样本，但这种延续很久的抽样统计有着很大的受限性，随之产生的负面效应也是很麻烦的，明明可以利用更快捷有效的大数据环境，进行信息更精准的统计却还要固执地坚持使用传统的方法。

二、大数据时代中的高校管理

（一）管理目标

在新媒体环境中，高校教育者应积极地利用这个信息数据的优势，面向高校学生制定更便捷、更吸引的管理目标。对于学生中存在的一些小众群体，他们不能开朗地、主动地参与到学校活动中来，那么只能通过对这些学生信息数据的分析研究，制定更精准的管理目标，了解他们自身的优点，加以提拔，使管理效率和成效得到一个良好的发展趋势。构建良好的管理目标要依托科学化的制度，灵活地将理论基础和实践相结合，在这个目标制度下，高校学生可以更主动地参与进来，当然不完美的管理目标的制定会让一些学生感觉难以接受，处在青春期逆反心态很强的他们，很可能以消极的态度应对管理者，所以制定相对高质量的管理目标对于高校学生管理有很重要的作用。

（二）理念影响

大数据的应用为高校学生管理者提供了更直面内心的个性化服务形式，教育者利用信息数据作为核心服务于管理思想，以新颖的方式呈现校园信息的构建和整合。信息数据也是有它自己文化的，数据已经从虚拟不可触碰的形式演变成可控的强大资产，它以新兴的物质经济模式像货币形式一样地存在着，通过不同的层面在高校学生管理模式中，将大数据独有的文化渗透进去，达到微观决策到宏观决策的良性过渡。以人为本是教育者在高校管理中需要坚守的信念，不论从学生的角度还是站在教师立场上，互相扶持是必要的管理模式趋势，达到师生共同成为被管理的目标，大数据是教育者、学生和管理者之间的桥梁，它无形地牵引着每一个阶层，为大数据在教学管理中提供更好的服务。

（三）管理困境

信息数据过于简单性和表面性的收集，让原本就处于管理模式建设水平参差不齐的高校大数据，造成了不小的资源浪费，想实现个性化的教育模式就更加困难，进而影响教育进程和管理效果。高校学生在原有的管理模式中信息接收过于单一，比如在校园内衣食住行方面的信息应用只能以独立的形式存在，不能相互之间建立方便的信息锁链，学生们在校期间的各种情况只能依靠各信息平台独立地统计，无法将在校的所有信息轨迹做出综合准确的总结。师生在校园内的活动中产生的所有数据，是评判高校管理这一重要工作的信息基础，管理模式在工作中需要努力地学习和维护，将管理系统模式的构筑与大数据相融合，将管理难度尽可能地缩小。高校学生管理要正确地建立信仰和引导价值观，杜绝后门和捷径，教育管理模式的良性发展才能不会被破灭。

三、高校社团在大数据管理中的作用

(一) 社团管理重要性

随着新媒体数据时代的到来,各高校通过对社团的管理,更精准地得到学生的真实信息数据,学生通过在社团活动展现自身的能力,将他们不常见的一面更好地展现出来,他们自愿加入自己感兴趣的社团组织来丰富课外的业余生活。社团的多种多样和差不多的规模构建,更便于管理部门对学生的信息资源掌控,有些学生还主动提出在社团中担任领导职务,这在未跨出校门之前能够得到很好的历练,对学生的发展和成才起到了不可否认的重要促进作用。如何将社团管理提高到一个可观的重视程度,也是高校管理者们的必要责任,他们有义务在这个大数据潮流中,对有鲜明特点的社团给予重视,社团和管理之间有一个良好的互动,针对社团管理来促进管理模式的完善与发挥。

(二) 现状与问题

任何形式的管理都会遇到问题,社团管理也不能逃脱这样的命运,我国高校虽然都已普及了社团的模式,社团种类也飞速地成立和发展着,但社团管理却在发展上止步不前,矛盾和问题愈演愈烈难以改善。造成这一恶性局面的原因,主要是管理模式和社团自身的构造之间的问题,管理者的不够成熟导致原本是高校学生自发组建的社团,总是产生不必要的矛盾冲突,管理者如果不能控制好自己的情绪,那这个自愿组建的群体就会变得散漫而不易管理。最初社团的加入是学生们为了让剩余休息时间更好地利用,目的很直接、明确和单纯,他们从未想过社团内部也存在着责任,对社团相关资料粗心的记录和不妥善的保管,在开展管理工作时由于数据不完整而无法实现连续性。

（三）大数据下的社团管理

过去的社团活动大都以屋檐下的或户外性的参与式形态出现，例如，唱歌、跳舞、琴棋书画、野外郊游、社团实践等活动，这些活动要求社团成员必须以亲自到场为参与标准。自从大数据时代新媒体的广泛普及，社团活动也增添了新的活动方向，管理者组织社团成员通过自媒体的应用以信息技术为支持，创建了很多新鲜的社团活动，例如，某高校的社团通过新媒体视频应用的便捷，组织成员不定期地录制一些颇有讽刺社会不良现象的短片，经过后期剪辑成微电影的形式发布在互联网上，得到了广泛关注和好评，在这一过程中，社团成员完全不需要全部在场参与，这样社团活动展现了更方便有趣的一面，管理社团也将更轻松和容易。所以说大数据下的社团管理模式，也是高校学生管理的一种必不可少的构成。

四、大数据管理模式的创新

（一）大胆突破管理模式

对于提高高校的管理质量和研究创新及大胆突破，在原有管理模式中摸索出新的领域，真正以大数据为突破的技术准绳，服务于新型人才的培养。新型人才不局限于高校学生，管理和教师团队同样需要拥有这种人才，因为除了书本上的枯燥知识，有时候学生的信息认知反而高于管理他们的教师们。教师不能把自己的工作当成一百年不变的铁饭碗，那终有一天会被新兴的大数据时代所淘汰。

（二）网络远程公开课的开展

云课堂这一新的学习模式，是通过互联网实现的网络远程教学管理模式，这是一个技术开发下的产物，开放性的大数据时代中云课堂可以让学习与管理在不需要面对面的情况下就可完成。云课堂在某些不可抗力的自然灾害后的重建过程中，为了保证教育和管理的不间断性、不耽误人才的有效培养，利用公开课形式的云课堂进行了很好的弥补。

综上所述，大数据时代是管理模式的创新，新媒体数据信息的应用使得高校的管理更具有鲜明的特色，在创新制度的构建中做到兼顾优点和缺点，让高校教育模式的现代化进程更稳健，从而与国际先进的教学模式和管理方法齐头并进。

第二节 大数据时代高校学生管理工作面临的挑战

在信息技术的飞速发展下，人类继农业社会、工业社会之后进入信息社会。计算机实现了数据的海量存储和批量处理，让人们从大量重复单一的数据操作中解放出来，将目光聚集到更高级的数据运用当中。从单机处理到分布式到互联网再到"云计算"，信息技术始终围绕"数据"这一核心要素光速前进。数据已经成为社会生产的重要元素，并带来巨大的经济价值。数据的运用几乎植入了人类社会的所有方面，它与人类的工作、学习、生产、生活等各式各样，形态各异的活动行为不断深化融合。在此过程中，又不断产生出形式更加丰富、数量更加巨大、更有价值的新的数据信息。据相关的研究报告显示，再过去几年，全球的数据量以每年58%的速度在增长，在未来会更快，2020年全球数据总量将超过40ZB（相当于4万亿GB），远超过2013年预测的8.5ZB。我国的信息总量将占到全球的21%，实施国家大数据战略已经纳入"十三五"规划，大数据时代已经来临。高校中容纳了全中国最有活力、最敢于尝试、最善于改变也最有发展潜力的一个群体，他们的生活、学习、思维、活动在大数据的影响下日新月异。面对这样一个群体，高校的学生管理工作必须主动适应，依托大数据的相关技术和理念开展思想理论教育、组织体系建设、学生日常管理、心理健康教育、应对紧急突发事件等各项工作。

一、目前高校学生工作管理体制存在不足

目前的高校职能部门众多，解决信息孤岛是实现大数据管理的首要难题。大数据是一项整体工程，数据准确的前提是数据标准的统一，落实管理上就要求全校一盘棋，甚至全系统一盘棋。信息的采集、汇总、存储、挖掘、应用每一个环节都要精准无误，职权分明。尤其是数据采集环节，工作量大，压力重，机械重复，枯燥乏味，却恰恰是大数据的基础。

二、多数高校的观念还不适应大数据的管理

高校管理者的思维需要转变，对大数据的理解不够，很多可以用大数据、互联网解决的问题还是在依赖人力的重复劳动，导致人力、物力浪费了很多，却没有大数据的专门人才和专业化队伍。

三、信息共享和信息保护的矛盾

大数据技术使得高校可以对其掌握的数据资源采取更全面的分析，挖掘数据背后的信息。在海量收集学生信息的同时，信息安全和隐私保护也还在探索当中。相应的制度法规亟待出台。

大数据为高校学生管理工作指出了一条新路。这条路才刚刚起步，虽然终点光明灿烂，但路途中必然遭遇荆棘和曲折。教育工作者要敞开心

扉，争抓机遇。只有这样教育者才能适应大数据时代下的学生管理，更好地服务于当代大学生。

第三节 大数据时代高校学生管理工作的机遇分析

一、大数据共享可以实现低成本、高效率的学生日常管理

学生的日常管理主要涉及学生的课堂和各项课外实践活动的考勤和表现、综合评定、评奖评优、违纪处理、困难帮扶、就业服务等具体工作。按照大数据技术的思路，可以采集所有学生从被录取报到、入校学习开始到毕业、离校、就业等整个过程的各种数据。所有数据在招生就业、教学管理、学生工作、后勤服务等各职能部门之间互联互通。可以大大减少校园行政部门的人力成本，规范工作流程、提高工作效率。

学生的旷课、迟到、早退情况和课堂表现，作业评定的成绩均由任课教师实时记录并上传。辅导员在综合评定时只需直接提取相关数据，快速高效且无须担心在中间环节出现二次失误的危险。

各种评奖评优都按照相关文件规定的标准指标化、数字化。学生评奖评优的申请均在网上直接完成。学生在填写网上申请表的同时，系统已经自动完成资格审核，凡不符合申请条件的在学生提交申请表时即显示出不符合条件的理由。在提高工作效率的同时，保证公平公正，减少学生对工作透明度的怀疑。

校园一卡通系统可以通过学生日常的就餐、消费实时监测了解贫困或受资助学生的财务状况，利用大数据的优势整合学生的相关信息，根据

上级的资助条件、资助指标和资助金额，设置多个阀值。对于达到临界值的学生，由系统的信息推送平台主动发送资助政策、勤工助学、校外兼职等信息，以达到精准扶贫的目的。

就业大数据一方面详细收集历年就业单位的名称、地址、联系方式、专业需求、工作性质、薪酬待遇等关键字信息；另一方面要收集学生的初始求职期望，并记录学生的求职经历，根据学生历次求职关键字的变化，规划出求职趋势曲线，预判大学生的求职期望。再结合结业信息有针对性地向学生发送求职推荐信息。如在某同学历次求职岗位的地址关键字都是某一地区，则可判定该同学倾向于毕业后在该地区就业。之后系统就只向该同学发送符合这一地区关键字的招聘信息。

二、大数据使大学生心理健康教育化被动为主动

心理健康是学生工作的重要内容，我国当前正处在飞速发展的时期，政治、经济、文化各个领域都在发生日新月异的变化。其他国家几十年甚至上百年的变化所产生的矛盾，在我国十几年就集中爆发出来。大学生在这个时代要以怎样的心理素质理性面对人生并保持心理健康着实不易。虽然目前各高校都配置了相关的心理测评工具，但想要精确地判断学生的心理健康状况，根据多年实际操作的经验来看，效果并不是很理想。

大数据的主要思想：一是要分析所有数据而不是依靠分析少量样本；二是接受事物的纷繁复杂，而不追求精确性；三是不探求事物的因果关系而关注事物的相互关联为主动干预大学生的心理健康提供了可能。大数据可以通过学生在微信、微博、QQ、论坛等社交平台的数据以及学生

在图书馆、网络游戏、影视作品上的选择数据对大学生的心理状况产生预判,并提出警示,做到防患于未然。

三、大数据分析有利学校制定更科学的管理模式

卡耐基·梅隆大学教育学院的简介中写道:"不得不承认,对于学生,我们知道的太少。"教育者总是站在自己大学时代的标准来看待现在的大学生,却忽视了这个时代在他们身上刻下的烙印。当教育者还紧抱着课堂上不能带手机的标准不放的时候,学生已经在课堂上用手机查阅学习资料了。当前在学生教育管理中出现的很多难题和问题,其根源可能并不在学生本身,确实是教育者对学生知道的太少。

大数据思想一切从实际出发,用数据说话。根据学生上课和课外活动中表现的数据分析,寻找学生的兴趣点、思维方法、行为模式,倒逼教学方式的革新,促进教学质量。教育者从心理干预、人文关怀等方面采用学生喜闻乐见的方式,用学生惯用的网络语言进行沟通和交流,拉近距离营造和谐的师生关系。在学业预警、安全教育上用网络代替人工,对夜不归宿、旷课、不完成学习任务的行为实时提醒,时刻伴随。搭建家校一体的信息交互平台,共同关心大学生的健康成长。

第四节 大数据时代高校学生管理工作信息化研究

伴随着我国信息化建设的不断推进,大数据的有效运用对社会发展尤其是高校学生管理工作起到了至关重要的作用。大数据时代进行信息化建设有利于增强高校学生管理工作水平,有利于提升高校管理工作者的

工作效率。当然，当前有部分高校对信息化建设重视程度不够，运用数据分析的能力不足且未将大数据与信息化建设充分融合。因此，大数据时代必须提升高校学生管理工作者的思想境界，加大培训频次，优化信息化服务功能，进而真正提升大数据时代下高校学生管理工作的信息化建设水平。

一、大数据时代下进行信息化建设对高校学生管理工作的重要意义

（一）有利于增强高校学生管理工作的信息化水平

大数据时代海量信息资源为高校学生管理工作提供了可靠保证，数据对学生管理工作的开展起到至关重要的作用。在互联网信息爆炸的时代，学生每天获得海量的信息，高校为保证学生管理工作的稳步运行，必须高度关注信息化建设，优化和提升信息化建设水平。当前，很多高校重点关注信息化建设的基础设施以及信息化设备管理，缺乏对信息数据的合理开发、有效整合和科学分析。因此，在大数据时代背景下，高校必须结合自身技术水平，完善信息化基础软硬件设施建设，为学生管理工作的数据化分析提供良好的运维环境，同时完善信息化建设内容，如学生管理信息服务系统、学生图书资源管理检索系统以及学生校园服务管理系统等，在大数据背景下全面增强高校学生管理工作的信息化建设水平，促进学生管理工作的高效运行。

（二）有利于提升高校学生管理工作者的工作效率

众所周知，高校学生管理工作繁杂，比如学生的日常教学管理、生

活问题引导、心理服务咨询，班级学风管理、对贫困学生的帮扶、创新创业就业指导等都需要高校进行管理。这些日常管理工作涉及学生学习、生活、就业、心理健康等众多方面，需要耗费学生管理工作者大部分时间和精力，因此学生管理工作者工作疲惫、效率低下实属正常。大数据背景下，高校必须充分重视信息化建设工作，对学生在校信息进行登记、整理、分析、应用，为每位学生建立一个电子信息档案，从而将管理工作者从繁杂多变的管理事务中解脱出来，这样才能提升其工作效率，进而更好地服务学生、管理学生。比如，学生会在教务管理系统、食堂餐饮系统、学生服务系统、社团活动系统、党建工作系统以及图书馆系统中留下海量信息痕迹，学校可以有效地利用大数据技术对学生留下的信息数据进行共享、整合和分析，为学生管理工作提供信息化支撑，从而真正提升高校学生管理工作者的工作效率。

二、大数据时代下高校学生管理工作信息化建设存在的问题

（一）信息化建设重视程度不够

大数据时代下高校学生管理工作只有充分重视信息化建设才能保障学生管理工作的方向正确。但是当前很多高校并没有充分重视信息化建设，甚至对大数据管理优点存在误解情况，习惯于按部就班的传统管理模式，只依靠最原始的人工方式进行信息登记、收集、统计、打印、分析、整理等，导致效率低下、数据不准、劳动量和重复率增加。此外，当前许多高校进行信息化建设仅仅是停留在建设表面，即对基础设施的完善、基础软硬件设备的采购安装，并没有真正深层次地整合数据、分析数据、运用

数据。许多高校学生管理工作者也没有认识到大数据时代信息化建设的广度和深度，对信息化建设的重视程度远远不够，行动力明显不足，导致大数据时代下高校学生管理工作的信息化建设进程明显放缓。

（二）信息化建设能力有待提高

新时代背景下，大数据已成为时代发展趋势，很多高校也陆续建立起了符合学校发展的信息化学生管理系统，使学生日常管理工作效率较传统管理模式有了很大提升。但随之而来的是大数据信息时代对高校学生管理工作者提出了更大的挑战，但是当前很多管理者无法适应这一时代发展，面对挑战准备不足，具体表现为管理者的数据整合能力和信息化建设能力明显不足。一方面，学生管理工作者数据化意识不强，缺乏相应的数据整合能力和数据分析能力，无法真正地将学生的日常管理工作和信息化建设有效结合；另一方面，高校很多学生管理者习惯传统的管理模式，计算机操作应用水平明显低下，导致对学生管理工作的信息化建设系统的数据分析水平尤为不足。

（三）大数据未能和信息化建设充分融合

在大数据时代背景下，很多高校学生管理工作者都在适应着信息化建设带来的优势和便利，不断改变着原有的工作状态，调整着工作方式，工作效率也在不断提高。但是，当前高校的技术水平无法实现信息化建设与大数据之间的对接磨合，现有技术只对熟悉的基础数据有一定的分析能力，但无法对深层次的系统数据进行科学收集、整理和分析，导致大数据无法被充分利用。有些学生管理工作者甚至认为，信息化让原有工作更加烦琐，导致在某个时间段内直接出现信息化建设和大数据分析相脱节的情况。大数据的开发运用对于高校的学生管理工作至关重要，但有限的优秀人才和技术水平又限制了大数据的高效运用，使得大数据无法和信息化建设高效融合。

三、大数据时代下高校学生管理工作信息化建设的路径

（一）提升思想认识，强化培训

当前高校很多学生管理工作者对大数据时代信息化建设的重视程度不够，误区较大，必须采取有效措施才能确保高校充分重视大数据时代的信息化建设。首先，强化对学生管理工作者的有效培训，让其真正理解什么是大数据、什么是信息化建设，二者的关系又是什么；其次，正确引导学生管理工作者的思维理念，转变其以往的传统管理模式思想，结合大数据背景下信息化建设的成功案例，让更多学生管理工作者能够重视信息化建设工作；最后，深化学生管理工作者对信息化建设的重视程度，进而保障学生管理工作做到信息化建设和大数据之间的高效融合发展。

（二）引进和培养人才，成立学生管理信息化机构

大数据时代需要更多信息化建设专业人才去从事学生管理工作，但当前高校现有人才紧缺，想在短时间内培养适合大数据时代的信息化建设人才，就需要及时引进人才。首先，通过高校实践项目引进高端人才，采用科学合理的人才培养体系进行高端人才培养；其次，成立学生管理信息化机构，比如高校信息化技术中心，强化信息技术在高校学生管理工作中的重要作用，提升学生管理团队大数据分析整合能力；最后，还需通过技术交流、讲座报告、沙龙互动等方式对学生管理工作者进行培训，提升学生管理团队的计算机操作水平和信息化建设能力，进而为学生管理工作奠定坚实基础。

（三）利用大数据优化信息化建设，提升学生管理工作水平

大数据时代，信息化建设速度明显加快，高校要注意遵循系统性、科学性、可操作性等原则，切实以服务学生、管理学生为目标，注重提升大数据整合分析能力，不断利用大数据进行信息化建设的优化改进，尤其要改善学生管理工作信息化流程。与此同时，高校还需不断地提高学生管理工作者的信息化建设水平，使其熟练运用新时代信息化管理系统，进而做好高校学生的日常管理工作。

综上所述，大数据时代进行信息化建设已成为推动高校学生管理工作有序运行的坚实保障。高校作为培养人才的主阵地，需要及时应对大数据带来的机遇和挑战，更需要重视信息化建设，科学运用大数据开展信息化建设工作，为社会培养出更多优秀人才。

第五节 大数据应用对高校学生管理工作的推动力

随着5G技术的不断发展和移动互联网的快速普及，大数据逐渐走进大学校园，对高校学生管理方式产生了深刻影响，高校学生管理工作向信息化、智能化方向发展。与传统学生管理方式相比，大数据给高校学生管理带来很多便利，同时也存在一些问题和风险，如数据采集、数据安全等。利用大数据提高高校学生管理水平、降低大数据应用可能带来的风险是新时期高校管理需要解决的重要课题。

随着大数据概念的不断普及，高校学生管理工作逐渐受到大数据观念的影响。麦肯锡全球研究所对大数据进行了定义，即"在网络平台中公众的社交、电子商务等记录信息都被汇聚到一起，通过多元化收集的方

式组成一个庞大的数据组,并具备很高的增长率"。学生作为高校的基本单位,在学生学习、生活过程中和高校对学生的管理过程中会产生各种数据信息,通过对上述数据信息进行汇总分析,高校管理人员可以更深入地了解学生的学习行为、思想状态以及生活习惯,让高校在制定学生管理制度时更科学、更全面,以提高高校学生管理工作的效率。

一、大数据应用对高校学生管理工作提供了新思路

高校学生管理是高校管理工作的重要组成部分,大数据应用改变了高校传统模式下的思维和理念,同时也丰富了高校学生管理的手段,为高校学生管理工作创新提供了新思路。

(一)以科学量化分析、补充传统经验判断,使学生管理工作更科学

在传统学生管理模式下,高校对学生的管理工作主要依靠管理者多年主观经验的沉淀和积累。这种管理方式在高校学生管理工作中一直占据主导地位,该管理方式具有一定的合理性,可以解决部分学生管理中出现的问题,但以上的管理方式有明显的不足,特别是以经验判断为主导的传统学生管理模式在数据信息呈现几何式增长的当今社会已显现出明显的弊端和疲态。高校管理者在考虑问题时经常以长期形成的主观判断和经验依赖为基础,在问题信息的收集过程中容易产生表面化和片面化的现象,因此根据主观判断和经验依赖所做出的管理决策,因为缺乏客观、真实、有效的数据支撑,往往主观、片面。高校管理者在面对比较复杂的学生管理问题时,单纯依靠管理者的主观经验难以揭示学生管理问题产生的深层次原因,缺乏对事件未来的变化和发展趋势的预测,容易导致决策失真。

随着大数据的应用，高校管理者通过对每位学生在校数据的多元化采集和深入分析，可以更清楚地了解在校学生的兴趣、喜好、思想动向，进而及时掌握学生的个体情况，准确了解学生的个性化需求。依托大数据的量化分析，高校管理者可以及时优化和调整管理策略，制订科学的学生管理方案，有效避免决策的主观性和片面性，使高校学生管理的决策更客观、更科学、更全面。

（二）以前置预判分析代替事后应急处置，使学生管理工作更及时

高校学生管理工作种类多样，涵盖在校学生舆情引导、学生学业管理、学生心理疏导、学生就业指导、学生在校生活管理等多个方面。在传统学生管理模式下，高校管理者经常是突发事件的最晚知情者，在事件介入的时间点上有被动性和滞后性。产生这样问题的原因是传统学生管理的"人管"模式很难及时了解和掌握学生的实时动向，很多问题很难在萌芽阶段被发现。高校管理者只有在问题产生严重后果甚至引发舆情风险后，才会进行应急干预和思想舆论引导。由此可以看出，传统学生管理模式缺乏前置预判的能力，容易使高校学生管理工作陷入被动，这样既不能积极引导和帮助有问题的学生，又不利于高校自身形象的塑造。

随着大数据的应用，高校管理者在面对突发事件时，可以完成从被动应对到主动介入的角色转变。当今社会由于信息与数据的几何指数增长，造就了大学生活跃、多元化的价值取向。通过大数据的方式对学生阅读兴趣、评论观点、点赞转发情况分析，高校管理者可以直观地了解现阶段学校的网络舆情，快速准确地掌握学生个体和群体的思想动态。特别是在特殊敏感时期，对突发事件和热点问题，高校管理者可以第一时间了解学生所想,变被动干预为主动应对,在问题的萌芽和初期及时对学生加以教育和引导,维护好学校的思想阵地安全,促进高校学生正确的世界观、人生观和价值观的形成。

(三)以多元评价模式打破单一学生评价指标,使学生管理更有针对性

在传统学生管理模式下,高校对学生的评价指标呈现出单一性和结果性的特点。一方面,学生的课业成绩在学生评价体系中占据主导地位,呈现单一性的特点。学生成绩直接决定了奖学金发放、保送名额及学生干部任免等情况,评价来源仅依靠成绩和教师的主观印象,无法对学生的德、智、体进行综合评价,评价结果不够客观。即使有些高校将学生综合素质评价作为学生在学校表现的重要依据,但评价过程缺乏实质性的依据;另一方面,学生评价以总结性评价为主,缺乏过程性评价。过程性评价具有诊断功能,能够在学生管理中及时发现问题,进而加以调整和改进工作方法,但高校在传统学生管理模式下,大多只重视学生成绩的结果,对学生课业成绩取得的过程性评价关注较少,没有过程评价的学生管理工作,评价结果的客观性和公正性也容易遭到质疑。

大数据的应用,为高校管理者对学生提供多样化、个性化的评价体系提供了可能。全面、综合、多样化的考核评价体系既可以实现高校对学生有序、有效的管理,又能获得学生对高校管理决策的尊重与认可。特别是在奖学金评定、保送资格审查等关系学生个人利益方面,将大数据的运用分析引入学生评价体系中,使考核评价具有全面性、科学性和可信赖性。在大数据环境下,学生管理的考核评价有助于打破"经验主义""单一评价"的考评方式,使学生评价过程向更关注学生个体的综合性评价体系转变。

二、高校大数据应用在学生管理工作中面临的困境及对策

高校管理者对大数据应用必须有清晰的认识，大数据是一把双刃剑，在提高高校学生管理效率，给高校带来便利的同时，也会产生潜在的风险。高校只有积极适应大数据应用给高校管理带来的风险和挑战，才能真正驾驭大数据，实现数据为高校所用，数据助推学生发展，达到高校与学生的双赢目标。

（一）大数据样本普遍性和关联性不足的困境与对策

大数据可以发挥作用的前提必须要求高校对学生收集的数据具有广度和深度，并以此为基础进行分析。从现实情况来看，一方面高校在数据收集过程中受到统计人员数量、能力、统计样本设计内容等方面的限制，所以数据采集的广度和深度不足，这将直接影响大数据分析结果的有效性、精确性和完整性，使数据结果丧失对高校管理者的参考价值；另一方面，很多高校并没有建立起已有数据之间的联系，高校各行政部门、学生辅导员与授课教师之间各自占有数据，相互间缺乏有效的交流，数据没有产生流动性价值，高校对学生的日常管理信息变成了分散的数据孤岛，无法发挥数据互通的作用和价值。

针对上述困境，高校在使用大数据收集过程中，应采取线上和线下采集相结合的方式，加强数据的联系和流动性，融合数据采集方式，拓展数据采集渠道，形成完整的数据应用链。如将考勤信息、学生卡消费、图书借阅、校园网使用、网络社交应用等线上信息和课业成绩、调查问卷、谈心谈话等线下信息进行立体化采集，并进行统一管理，深入汇总分析，打破数据孤岛，加强数据间的互通与流动性，高校才能充分利用大数据

分析的成果，了解学生的思想动向，制定科学的管理规定，使大数据分析发挥应有的价值。

（二）大数据运行与使用安全风险的困境与对策

大数据应用与高性能服务器的运行与支持密不可分，海量的数据分析会使服务器时刻处于高速运行的状态，高校与专业科研机构不同，对服务器防火墙的维护往往不够重视，如果高校服务器的防火墙无法持续更新，及时修补潜在的漏洞补丁，那么高校服务器就可能暴露在木马病毒之下，产生网络安全漏洞或受到病毒蠕虫攻击等，进而产生大数据被窃取、丢失、盗用等风险。

针对上述困境，高校在推进大数据安全过程中应加强论证。高校学生管理工作信息化是一项系统工程，需要从资金投入、人才储备、硬件设施等方面稳步推进，不宜操之过急、一哄而上。高校大数据库建设需要整合高校的各方资源，提高资源的利用效率，做好相关的软硬件配置和人才储备工作，从软硬件设备的招投标，到数据维护人员的引进培养计划等方面进行系统、完善的论证，分步实施，扎实前行，保证数据安全。

（三）大数据分析人员能力不足和数据拥有者职业道德风险的困境和对策

高校在学生管理工作过程中会生成海量数据信息，一方面，这些数据呈现分散化、非结构化的特征，多以文本、表格、图片、音频、视频等形式出现。对于这些复杂的数据，依靠普通人无法进行有效分析，需要依靠专业人员、专业设备进行整理、分析。高校一般没有专业的数据分析人员对上述数据进行整理和分析，相关工作往往交由从事学生管理工作的行政人员进行，难以形成有价值的分析结果，从而导致高校学生管理工作针对性差、系统化程度低。另一方面，海量数据信息的背后是每个学生个体的具体行为，上述信息包含很多学生的隐私。相关数据信息一旦被恶意泄露或被不法分子获得将会对学生的学习和生活产生不利影响，因此对数据拥有者、管理者、使用者的职业道德必须加以重视，避免出现数据恶意使用的问题。

针对上述困境，高校应对大数据分析人员进行人才储备和职业道德风险教育。在人才培养方面，既要提高高校学生管理者的数据分析、发掘能力，又要做好专业人才引进工作。高校学生管理者与学生日常接触较多，对大数据分析结果更为敏感，能从高校的角度出发，了解数据背后的真实情况，进而制定有针对性的教育管理策略。专业数据分析人才对数据的整理和分析能力更强，依靠专业知识和设备，可以形成更全面、更科学的数据分析结果。高校只有充分发挥学生管理者和专业数据分析人员的优势，实现两者的优势互补，才能真正让高校学生管理工作如虎添翼。另外，针对可能出现的对相关从业人员的职业风险问题，高校必须加强相关人员的职业道德教育和廉政教育，行之有效的奖惩机制和监督机制，从制度上杜绝从业人员的职业风险问题，保证数据不被滥用。

大数据应用给高校的学生管理工作带来了机遇，拓宽了高校学生管理工作的新思路，同时也带来了挑战，高校只有不断提高自身的管理能力，加强信息化，才能不断优化学生管理工作策略，清晰描述学生整体信息，科学划分学生群体，进行有针对性的学生管理工作，最终实现高校学生管理工作科学化、规范化、个性化的工作目标。

第七章　大数据时代学生管理的实践

第一节　大数据服务高校学生教育与管理的应用

信息化时代的到来，海量信息的爆炸式增长，基于云计算、数据挖掘等相关技术的不断应用，标志着当今社会正快速进入大数据时代。高校作为智力资源密集的场所和机构，如何在大数据时代，应用好大数据，服务于学生的教育与管理工作，从而提高工作的效率与水平就显得非常有必要。

随着信息新技术的不断推广与应用，以智慧校园建设为代表的教育信息化特征不断显现，教育领域正逐步迈入大规模生产数据、存储数据、分析数据、应用数据、赋能数据的大数据时代。新时代的大学生，成长于信息化快速发展的时期，他们作为互联网的"原住民"，能熟练地掌握网络技术和信息媒介，在学习与生活中与网络和媒介密不可分，大量产生数据，又自带信息属性，为大数据技术服务高校学生教育与管理提供了数据基础。大数据是用来描述和定义在信息爆炸时代所产生的海量数据以及数据产生以后，为了便于更快、更好、更高效地从不同类型和结构的数据中开展数据分析与挖掘的技术。维克托·迈尔·舍恩伯格在研究大数据的过程中,将大数据的核心表述为预测和可量化的维度,从而可以通过对数据的分析与挖掘,服务于生产与生活。

大数据是一种思维的变革。大数据时代下,研究者将可以避免用少量代表性的数据进行研究,而更多地转为研究事物之间的相关性与关联性,在处理数据的过程中,不再过分地追求数据的准确性,而应更加看重数据的复杂性与有效性,在研究理念上更加注重事物之间的关联关系,而非因果关系,这些研究范式的演变,充分体现了大数据时代的思维变革。

一、当前高校学生教育与管理中存在的问题

学生教育与管理工作是学校教育的重要的环节,是学校人才培养的关键与要义之一,教育与管理工作本身应该追求科学性。在当前的时代背景下,如何科学地把握教育所面临的崭新形势,分析教育对象的全新特点,提升教育者与管理的素质与能力,运用现代化的技术、工具与手段,实现教育资源的整合,从而形成教育合力。

(一)教育对象的特殊性

高等教育大众化的背景下,高等学校类型细分,差异化办学,不同类型高校的人才培养目标和办学定位多样化,各高校应当针对生源现状与特点,分析不同群体学生的特征和需求,从而有针对性地开展学生的教育与管理,创新与改革人才培养模式与路径,从而为社会培养更多有用的人才。

(二)教育与管理队伍需要不断加强

专兼职的学生教育与管理队伍,是高校从事和落实学生教育工作的骨干力量,他们多数具备良好的素质与能力,在学生的培养过程中起到了

较好的作用，但是如何适应不断变化的新形势，满足学生的新需求，还需要管理者队伍不断加强能力的提升。"教师的眼界，决定了学生的眼界；教师的素养，影响着学生的培养"，因而，客观上需要不断加强辅导员及管理队伍的建设，从而适应人才培养的新形势。

（三）高校管理者信息素养有待提升

在当前信息化的时代背景下，高校管理者应当掌握更加先进的工具与技术，在工作中更多地依靠科学的工具与数据，而非主要依靠工作经验，要实现这一转变，就要求管理者不断提升信息素养，不断研究与利用现代信息技术将之运用到实际工作之中，从而腾出更多的精力去思考工作的创新与提升，转变以往的经验工作模式为科学工作模式，提高工作的效率与水平。

（四）"三全育人"格局有待进一步的深化

当前高校学生的教育与管理工作内涵不断深化，外延不断扩张，给高校的教育与管理工作必然带来挑战。整体、协同与深化的观念在教育的开展过程中，必须要得到深化与落实，形成"三全育人"的工作理念。教育、管理与服务各环节与部门，都要强化责任与担当意识，将全员、全程和全方位育人落实到教育、管理与服务的各项工作中来。

二、大数据时代学生教育与管理的新模式

（一）大数据应用于学生教育与管理的现实需求

技术层面：人工智能、物联网、移动通信、云计算、数据挖掘等相关科技与技术领域不断进步，为大数据技术的发展和应用提供了技术基础。

国外谷歌、Farecast、微软、亚马逊、苹果等公司已经能够广泛地将大数据技术应用于分析与预判。国内华为、阿里、腾讯、百度等公司，深耕5G、AI和大数据领域，相关技术与运用已经走在了全球的前列。在国家"十三五"规划项目中，与大数据、教育等相关的项目占了相当大的比例，大数据已经上升到国家的战略。

数据层面：随着技术的进步，全世界实现了充分的互联互通，信息和数据量爆炸式增长，同时数据也变得更加冗杂、多样与实时。据相关数据统计，2020年，全球范围所产生的数据量将会达到44ZB。海量的数据的产生，为大数据技术的应用提供了机遇与挑战。高校学生作为一个特定的青年群体，通过社交、网购、移动通信等平台每天产生了大量的结构性与非结构化数据，通过对数据的挖掘和有效分析，从中分析出相关的问题与规律，从而对学生的发展进行预测，有效开展各类干预行为，提高工作的针对性与有效性。

（二）大数据应用于学生管理与服务的实现途径

搭建信息平台。信息的挖掘与应用必须要借助相应的平台。在高校内部运行的过程中，如何搭建起规范统一的信息平台，做到信息的收集、存储、保管与应用的规范有序，就显得非常必要。通过一体化的平台整合学校教学、学工、图书、后勤等网络与信息资源，最大限度地发挥数据的应用价值，从而全面地了解和掌握学生在校期间的表现，有针对性地开展教育与引导活动。

建立分析模型。搭建信息平台，有效整合信息资源，建立针对不同需求的功能模块，开展大数据信息的分析与挖掘工作。通过思想动态分析模型、学业预警分析模型、学生行为分析模型、心理健康分析模型、学生资助工作分析模型等方式，有针对性地服务学生教育与管理工作。

（三）大数据应用于学生教育与管理的实践意义

高校大数据治理及应用平台是建立在将既有的校园管理平台、数据资源、网络资源予以整合，通过网络中心，将学生网络生活的数据进行汇总，利用信息化手段，进行数据的清洗、读取与分析，实现工作的信息化与智能化。

通过对学生成绩、考勤、门禁、借阅、消费、资助、上网等数据的有效整合与分析，可以有效地减轻工作人员的日常事务性工作，节省大量的时间与经历，相关的汇总、统计分析与预判工作，能够改变原有难以捕捉、界定、量化的问题，让工作变得更加具有科学性与前瞻性，同时为高层的决策提供技术与数据支撑。

三、大数据应用中亟待解决的问题

技术的发展、信息的应用、学生教育与管理过程"让数据说话"，在某种程度上可以减少人为和主观的因素，规避原有高校学生教育与管理过程中存在的侵犯隐私的问题，减少工作人员直接面对学生群体的问题。利用技术化的手段分析学生的信息，通过数据比对与核实的过程确定信息的真实性，从而有效减少不必要的麻烦。比如检查学生宿舍的晚归及夜不归宿的问题，就不再需要管理人员到场，可以通过后台的数据进行分析就能得出相应的结论，同时可以结合一段时间的综合数据，对学生的行为做出有效的分析与预判。

任何的技术都致力于服务应用，技术本身没有问题价值取向，但如果不能合理与规范地使用，技术的应用往往也会出现弊端。传统的结构化数据在分析的过程中往往是一次价值分析，但大数据的分析更多的是结构性与非结构性数据之间的二次，甚至多次价值分析，同时，在工作的过程中还存在着采集、清洗、分析、预判、反馈、处置、跟踪等多个环节，夹杂着众多人为处理的过程与因素，所以高校在合理地开发与使用大数据，注重大数据的管理与服务系统的过程中，必须要高度重视学生信息与隐私的保护问题，切实做到信息安全、有效地为人所用。

科技及信息技术的不断进步，为学生的教育与管理工作提供坚实的基础，高校应当抓住机遇、破除难题、解决痛点，积极研究与利用信息挖掘新技术，探索学生教育管理新模式，从而最大限度地实现数据赋能，从而不断提升学生教育与管理工作的科学化水平，服务人才培养全局，为国家和社会培养更多优秀的人才。

第二节　大数据时代高校学生工作的信息化管理

伴随我国信息化建设的不断推进，大数据的有效运用对社会发展尤其是高校学生管理工作起到了至关重要的作用。大数据时代进行信息化建设有利于增强高校学生管理工作水平，有利于提升高校管理工作者的工作效率。当然，当前有部分高校对信息化建设重视程度不够，运用数据分析的能力不足，且未将大数据与信息化建设充分融合。因此，大数据时代必须提升高校学生管理工作者的思想境界，加大培训频次，优化信息化服务功能，进而真正提升大数据时代下高校学生管理工作的信息化建设水平。

一、大数据时代下进行信息化建设对高校学生管理工作的重要意义

（一）有利于增强高校学生管理工作的信息化水平

大数据时代海量信息资源为高校学生管理工作提供了可靠保证，数据对学生管理工作的开展起到至关重要的作用。在互联网信息爆炸的时代，学生每天获得海量的信息，高校为保证学生管理工作的稳步运行，必须高度关注信息化建设，优化和提升信息化建设水平。当前，很多高校重点关注信息化建设的基础设施以及信息化设备管理，缺乏对信息数据的合理开发、有效整合和科学分析。因此，在大数据时代背景下，高校必须结合自身技术水平，完善信息化基础软硬件设施建设，为学生管理工作的数据化分析提供良好的运维环境，同时完善信息化建设内容，如学生管理信息服务系统、学生图书资源管理检索系统以及学生校园服务管理系统等，在大数据背景下全面增强高校学生管理工作的信息化建设水平，促进学生管理工作的高效运行。

（二）有利于提升高校学生管理工作者的工作效率

众所周知，高校学生管理工作繁杂，比如学生的日常教学管理、生活问题引导、心理服务咨询，班级学风管理、对贫困学生的帮扶、创新创业就业指导等都需要高校进行管理。这些日常管理工作涉及学生学习、生活、就业、心理健康等众多方面，需要耗费学生管理工作者大部分时

间和精力，因此学生管理工作者工作疲惫、效率低下实属正常。大数据背景下，高校必须充分重视信息化建设工作，对学生在校信息进行登记、整理、分析、应用，为每位学生建立一个电子信息档案，将管理工作者从繁杂多变的管理事务中解脱出来，这样才能提升其工作效率，进而更好地服务学生、管理学生。比如，学生会在教务管理系统、食堂餐饮系统、学生服务系统、社团活动系统、党建工作系统以及图书馆系统中留下海量信息痕迹，学校可以有效利用大数据技术对学生留下的信息数据进行共享、整合和分析，为学生管理工作提供信息化支撑，从而真正提升高校学生管理工作者的工作效率。

二、大数据时代下高校学生管理工作信息化建设存在的问题

（一）信息化建设重视程度不够

大数据时代下，高校学生管理工作只有充分重视信息化建设才能保障学生管理工作的方向正确。但是当前很多高校并没有充分重视信息化建设，甚至对大数据管理优点存在误解情况，习惯于按部就班的传统管理模式，只依靠最原始的人工方式进行信息登记、收集、统计、打印、分析、整理等，导致效率低下、数据不准、劳动量和重复率增加。此外，当前许多高校进行信息化建设仅仅是停留在建设表面，即对基础设施的完善、基础软硬件设备的采购安装，并没有真正深层次地整合数据、分析数据、运用数据。许多高校学生管理工作者也没有认识到大数据时代信息化建设的广度和深度，对信息化建设的重视程度远远不够，行动力明显不足，导致大数据时代下高校学生管理工作的信息化建设进程明显放缓。

(二)信息化建设能力有待提高

新时代背景下,大数据已成为时代发展趋势,很多高校也陆续建立起了符合学校发展的信息化学生管理系统,使学生日常管理工作效率较传统管理模式有了很大提升。但随之而来的是大数据信息时代对高校学生管理工作者提出了更大的挑战,但是当前很多管理者无法适应这一时代发展,面对挑战准备不足,具体表现为管理者的数据整合能力和信息化建设能力明显不足。一方面,学生管理工作者数据化意识不强,缺乏相应的数据整合能力和数据分析能力,无法真正将学生的日常管理工作和信息化建设有效结合;另一方面,高校很多学生管理者习惯传统的管理模式,计算机操作应用水平明显低下,导致对学生管理工作的信息化建设系统的数据分析水平尤为不足。

(三)大数据未能和信息化建设充分融合

大数据时代背景下,很多高校学生管理工作者都在适应着信息化建设带来的优势和便利,不断改变着原有的工作状态,调整着工作方式,工作效率也在不断提高。但是,当前高校的技术水平无法实现信息化建设与大数据之间的对接磨合,现有技术只对熟悉的基础数据有一定的分析能力,但无法对深层次的系统数据进行科学收集、整理和分析,导致大数据无法被充分利用。有些学生管理工作者甚至认为信息化让原有工作更加烦琐,导致在某个时间段内直接出现信息化建设和大数据分析相脱节的情况。大数据的开发运用对于高校的学生管理工作至关重要,但有限的优秀人才和技术水平又限制了大数据的高效运用,使得大数据无法和信息化建设高效融合。

三、大数据时代下高校学生管理工作信息化建设的路径

（一）提升思想认识，强化培训

当前高校很多学生管理工作者对大数据时代信息化建设的重视程度不够，误区较大，必须采取有效措施才能确保高校充分重视大数据时代的信息化建设。首先，强化对学生管理工作者的有效培训，让其真正理解什么是大数据、什么是信息化建设，二者的关系又是什么；其次，正确引导学生管理工作者的思维理念，转变其以往的传统管理模式思想，结合大数据背景下信息化建设的成功案例，让更多学生管理工作者重视信息化建设工作；最后，深化学生管理工作者对信息化建设的重视程度，进而保障学生管理工作做到信息化建设和大数据之间的高效融合发展。

（二）引进和培养人才，成立学生管理信息化机构

大数据时代需要更多信息化建设专业人才去从事学生管理工作，但当前高校现有人才紧缺，想在短时间内培养适合大数据时代的信息化建设人才，就需要及时引进人才。首先，通过高校实践项目引进高端人才，采用科学合理的人才培养体系进行高端人才培养；其次，成立学生管理信息化机构，比如，高校信息化技术中心，强化信息技术在高校学生管理工作中的重要作用，提升学生管理团队大数据分析整合能力；最后，还需通过技术交流、讲座报告、沙龙互动等方式对学生管理工作者进行培训，提升学生管理团队的计算机操作水平和信息化建设能力，进而为学生管理工作奠定坚实基础。

（三）利用大数据优化信息化建设，提升学生管理工作水平

大数据时代，信息化建设速度明显加快，高校要注意遵循系统性、科

学性、可操作性等原则，切实以服务学生、管理学生为目标，注重提升大数据整合分析能力，不断地利用大数据进行信息化建设的优化改进，尤其要改善学生管理工作信息化流程。与此同时，高校还需不断提高学生管理工作者的信息化建设水平，使其熟练运用新时代信息化管理系统，进而做好高校学生的日常管理工作。

综上所述，大数据时代进行信息化建设已成为推动高校学生管理工作有序运行的坚实保障。高校作为培养人才的主阵地，需要及时应对大数据带来的机遇和挑战，更需要重视信息化建设，科学运用大数据开展信息化建设工作，为社会培养出更多优秀人才。

第三节　大数据时代高校学生思想教育工作优化

伴随着物联网、云计算和各种可携带电子设备的出现，大数据的功能和价值不断被发掘和利用，高等教育领域也掀起了应用大数据的热潮。习近平强调："大数据发展日新月异，我们应该审时度势、精心谋划、超前布局、力争主动。"高校作为科学技术发展的重要先锋阵地，容易受大数据更新换代的影响，大学生思想教育也容易受波及。因此，深入研究和剖析大学生思想教育在大数据视域下发展的契机与面临的挑战，推动思想教育与当代最新信息技术耦合发展，是高校落实立德树人根本任务、培育时代新人需要破解的重要课题。

一、大数据时代大学生思想教育发展的机遇

（一）大数据的智能化为思想教育工作的开展提供技术支撑

"思想教育过程是教育者向教育对象传递思想政治信息的过程。"传统思想政治信息传递是教育者对受教育者的单向直接灌输，方式固化且实效不足。伴随着大数据、人工智能等科学技术的快速发展，信息资源传递的速度在逐渐加快、方式逐渐趋于多样化。基于此，思想教育工作者可以充分利用大数据技术和VR虚拟现实技术将知识点由单一枯燥的文字变为由图片、音像、文字等合成的直观形象的动态资源，给学生提供全新的视觉和听觉的"学习盛宴"；借助将数据录入、整理和分析集于一身的SPSS技术在对学生的数据信息进行回归分析、线性分析或者描述性统计的过程中，把握学生的学习情况和思想特点等。另外，疫情"停课不停学"期间，教育工作者通过充分利用大学生喜闻乐见的抖音、bilibili、快手等网络媒介制作思想教育专题小视频，使学生能够在"刷视频"的过程中进行思想政治的碎片化学习，提升思想教育工作的教育实效。总之，大数据技术的发展不仅促使思想教育内容逐渐趋于立体化和动态化，而且增加了思想教育的覆盖面和影响力，为思想教育者教学工作的开展提供了"硬核"技术支持。

（二）大数据的开放性有助于大学生拓展认知视野和提高文化素养

伴随着网络技术和通信技术的深入发展，大数据突破了信息传播的时空局限，为大学生思想教育工作的开展创造了全天候的数字化学习环境和工作环境。学生不仅可以随时随地上网查询所需信息，还可以在QQ群、blog、百度贴吧等网络空间内与其他思政学者沟通交流、资源共享，在

交流互鉴中不断扩展自身的认知视野，提升自身的文化修养。同时，思想教育数据资源的获取不仅局限于中华优秀传统文化、新时代文化，还可以涵盖国外先进思想文化，真正实现新时代"秀才不出门，尽知天下事""一网打天下"，学生的知识储备无形中得以丰富，认知视野也得以拓宽。总之，大数据时代的到来不仅有助于大学生思想教育专业知识技能的提升，而且丰富了大学生在其他领域的知识文化素养，促进了大学生的自由全面发展。

（三）大数据的精准化有助于大学生实现个性发展和促进全面进步

传统思想教育主要采用的是"填鸭式"教学模式，受教育者学习的积极性和主动性难以体现，虽然近几年教学内容几经变化，但是学生仍用同一种教材学习的现状并未从根本上得到改变，学生的个性化特点被忽视，教育缺乏吸引力和针对性。伴随着大数据技术、人工智能对人们生活的渗透，网络与大学生日常生活、学习和工作几乎形影不离，思想教育工作者可以在对大学生网络消费、网络社交、在线学习等数字碎片进行挖掘的过程中，分析学生的思想动态、个性特点及行为模式，并有针对性地提供给学生个性化的教育。例如，思想教育工作者可以从天猫"双十一"购物节成交额由2009年0.5亿元到2020年4982亿元的阶梯式增长中探寻思想教育元素，通过发放调查问卷的形式对大学生网购的额度、特点和趋势进行统计分析，了解大学生的消费观念和价值观念，进而从中探寻并进一步探究大学生消费特点与思想教育之间的内在关联性，对不同消费水平和不同消费观念的学生提供不同的消费观教育。总之，高校要在大数据技术的支撑下，"以点带面"预测和评估大学生思想教育发展的特点和方向，并根据不同类型教育对象的具体情况提供不同类型的教育产品和教育服务，实现大学生的个性化发展，进而促进学生的全面进步。

二、大数据时代大学生思想教育发展的困境

（一）大数据的超时空性增加了大学生思想教育者的工作难度

任何事物的发展都不可能是一帆风顺的，新事物的出现往往伴随着新问题、新状况，大数据通过技术分析实现信息价值利用的最大化，但数据传播的"时间无限制""空间无障碍""资讯无阻隔"状态对校园硬件设施和思想政治教师工作都提出了新要求。海量的数据信息充斥在网络空间的各个角落，人们不仅难以在纷繁复杂的网络空间中快速高效地查找所需数据资源，更难以从数据背后挖掘个体本身的真实现状和真实想法，甚至有可能挖掘到错误信息，形成错误判断。另外，信息的分类处理既需要精密技术设备的支持，更需要具有专业知识素养和技能的人员对信息进行精准分析。思想教育工作者队伍主要由思想政治理论课教师、辅导员等管理服务人员组成，他们大多对大数据的理论认知和研究不精，技术应用壁垒较大，难以完成专业性的实践操作，影响大数据在思想教育领域内价值的充分实现。在网络这一虚拟世界中，"黑客""ARP病毒""木马病毒"等问题层出不穷，甚至出现在多媒体教学当中，种种迹象表明，我国高校思想教育工作既缺乏专业的网络技术人才来保证高校的网络安全，也缺乏教育领域的数字技术人才来保证思想教育工作的创新发展。

(二)大数据的虚拟性容易对大学生的隐私安全与合法权益构成威胁

数字技术以其传播的高速高效性将世界变成了一个"鸡犬之声相闻"的地球村，成为人们获取数据资源的主要渠道，但是大数据技术也存在数据泄露、个人隐私被侵犯的隐患。学生作为大数据技术运用的主力军，日常生活和消费都离不开网络，而每一次网络的连接，都意味着我们的浏览点曝光在大数据下，极易出现个人信息不经意泄露的危险。为深入了解大学生的思想动态和行为习惯，教育者在利用大数据对学生的信息、意愿等进行采集和处理的过程中，容易出现数据泄露的隐患，尽管在收集数据之前，相关人员会保证信息的安全性和隐秘性，但是难以做到绝对意义上的隐私保护。另外，大学生处于个人发展的重要阶段，对网络安全的认识不到位，缺乏防范意识，致使"电信诈骗"等违法犯罪行为频繁瞄准大学生，大学生长期处于被不良电话、短信骚扰的烦扰中，不利于大学生的身心健康发展。

三、大数据时代大学生思想教育发展的路径

(一)认识大数据，推动大学生思想教育模式优化

发展师生网络互动教育教学模式。在大数据背景下，单向灌输式教学逐渐被双向选择式教学所取代，开放、互动、共享已成为当代大学生思想教育的特色。高校思想教育者应充分利用大数据技术，挖掘有效思想教育资源，以图片、视频和文字相结合的方式及时更新课程内容，激发大学生对课程内容的注意力和兴趣；充分利用大学生喜闻乐见的诸如微信、微博、BBS论坛之类的网络媒介与大学生交流沟通，了解学生心

之所想、情之所至，为学生答疑解惑，做学生良师益友；充分利用钉钉、智慧课堂和CCtalk等在线教学平台了解学生的学习状况和上课情况，以便有针对性地根据学生的具体情况提供个性化的教育。同时，大学生思想教育者要充分发挥大数据技术的分析和预估功能，从学生思想和行为的整体性和全局性来预测学生近期的思想状况、价值取向、心理态度等，加强大学生的思想教育、人文关怀和心理干预，引导大学生自我教育、自我发展。

构建大数据与学科教学融合发展模式。习近平总书记强调："其他各门课都要守好一段渠、种好责任田，使各类课程与思想政治理论课同向同行，形成协同效应。"在大数据视域下，思想教育者应清醒认识大数据技术，在尊重学科独立性基础上，依据学科特点和课程标准整合教育资源，开展数据化的教育教学工作，实现学科教学之间的融合发展。一方面，高校应根据社会对学生个体的要求和专业课程标准，利用大数据技术开展优质学科教育资源共享，充分挖掘不同学科领域中的发展潜能，并将之应用于思想政治理论课教学，努力搭建更加真实的学习环境，打造更为有效的课堂教学；另一方面，高校应注意把握学校的地域特色，针对各个学科教学的目标和任务，利用学校、教师以及家长周边的特色教学资源，重点关注不同学科之间的关联，打造具有学校特色和教师个人特色的学科课程，实现不同学科协同育人，助力学校营造"全方位"育人氛围。

（二）把握大数据，助力大学生思想教育机制创新

建立大学生数据隐私保护机制。近年来学生数据泄露风波频繁上演，

一度成为社会讨论关注的热点问题，而此等乱象的发生，归根到底是信息安全管理机制存在问题：一方面，高校应在充分把握大数据的同时建立全面系统的隐私保护机制，研讨出科学而具体的数据管理办法，制定数据收集、存储、处理的管理流程，对登录用户进行实名验证和权限设置，还要建立数据使用责任制，划定信息使用者的信息保护责任与义务；另一方面，高校应增强思想教育者的隐私安全意识，对各个环节的数据管理划分清晰的权责，避免因大数据交叉管理而出现数据泄露问题。另外，思想教育者要深刻把握大数据应用的法律边界，严格遵守《中华人民共和国网络安全法》，签订隐私安全保密约定，保证数据收集、处理和利用全过程的合理合法性。

制定使用大数据的法律和规章制度。建立健全数据使用的法律规章制度，是保证大数据在教育领域高效发挥作用的前提和基础。大数据技术的快速发展便利了信息的传播扩散，但也增加了信息资源管理的难度，导致数据泄露和滥用问题频发。为此，高校应制定严密的规章制度来保证大数据技术在教育领域内的安全运用。一方面，高校应设置信息采集、分析、处理、应用和存储的一体化流程，并对大学生数据信息的收集范围、研究权限、信息利用及安全问题进行明文规定，确保校内信息的收集处理有规章制度保障实施；另一方面，高校要借鉴商业网站的运作模式，加强网络内在约束机制和外部教育环境机制建设，不断完善思想教育管理机制，建立健全数据安全的法律规章制度，保证数据信息流动和使用过程的安全性，进而保证数据主体的隐私安全。

（三）借助大数据，加强大学生思想政治教师队伍建设

培育思想教育者的大数据思维。习近平总书记强调："办好思想政治理论课关键在教师，关键在发挥教师的积极性、主动性、创造性。"大数据的普及应用革新了人们的思维方式，赋予人们认识思想教育的崭新视角和发展的创新路径。高校要引导思想教育工作者树立科学的大数据观，在对大数据技术特征科学把握的基础上，保持清醒的大数据意识，既要看到"大数据+思想教育"是大势所趋，又要清醒地认识到大数据自身存在着信息失真、信息杂乱等问题，自觉在思想上和心理上建立抵御不良信息的安全防线，拒绝"大数据迷信""大数据盲从"。高校思想教育工作者要打破传统思维定式，将大数据思维融入大学生思想教育工作的各个领域、各个节点和关键环节，让大数据的"精准画像"功能成为思想教育工作开展的技术支撑，促进大数据与思想教育的和谐发展。

加强对思想教育者的大数据技术培训。日新月异的大数据技术对高校思想教育者综合能力的要求逐渐增高，但是教师教学经验丰富与大数据充分掌握难融于一身的情况比比皆是，具体来说，思想教育理论经验丰富的教师可能对大数据技术的掌握不够充分，而具有充足大数据背景的教师可能教学经验欠缺。为此，高校要有针对性地对思想教育工作者进行专业、系统和科学的信息技术和专业技能培训，使其深刻认识到思想教育工作的开展必须牢牢掌握"网络主动权"，全面"触网"。一方面，加强思想政治教师队伍的政治培训，并将之纳入各级党委的日常工作中，通过多种途径、多种方式，不断提高其政治意识和政治本领，使其在大数据的分析处理过程中坚持马克思主义的基本立场、观点和方法，提升

教师透过数据表象探寻其本质的能力；另一方面，加强思想政治教师队伍的大数据技术培训，保证思想政治教师能够在教学活动中熟练使用大数据技术制作网页、网站等，并且能够全面掌握 SPSS、SAS 或者 Excel 等统计分析软件，能够对大学生个体和群体的基本情况进行分析掌握和科学研判，从而使懂技术、会教育成为思想政治教师队伍素质的新常态。

（四）利用大数据，促进大学生思想教育环境改善

优化大学生思想教育课堂教学环境。习近平指出："要用好课堂教学这个主渠道，思想政治理论课要坚持在改进中加强，提升思想教育亲和力和针对性，满足学生成长发展需求和期待。"为此，高校应充分利用"大数据""云计算"等智能手段，坚持改革创新精神，通过不断更新校园网和计算机设备使思想教育课堂更加体现现代教育教学元素，将 MOOC 教学、视频直观教学、德育网站等现代教学手段融入思想教育工作，以实现思想政治课程中的"二维"平面知识结构向"三维"立体结构转变，加速大学生思想教育课堂教学的数字化转型，以打破传统思想教育内容枯燥、资源单一的藩篱。另外，高校应创造良好的教育教学条件，营造生动活泼、民主和谐的课堂教学氛围，使之满足大学生共同发展的要求和自我教育的个性化需求。

净化大学生思想教育网络社交环境。大学生是网络空间的常客，更容易接触到各式各样的数据信息，甚至是虚假信息和非法信息，这些不良数据信息会潜移默化地弱化大学生思想教育功效。为此，网络主管部门要掌握网络空间舆论的正确方向，充分利用大数据技术的分析整合能力对数据信息进行分类筛选，坚决阻止误导大学生的思想行为的有害数据进入学生视野。高校应加强校园网的网络安全监管，开发数据筛选技术，组建专业的人才队伍负责网络监管与净化，对发布不良信息和污染网络空间的主体采取严厉的惩罚措施，以保障网络空间的"纯洁性"。同时，提高思想教育者的大数据技术水平和科学研判能力，对网络安全问题做到防患于未然，为大学生提供一个积极健康的网络社交环境。

美化大学生思想教育校园文化环境。"扎根中国大地办大学、抓好立德树人的根本任务，必须落实好校园文化建设。"良好的校园文化氛围具有提升学生审美情趣和塑造学生健康人格的特殊浸润功能。在大数据时代，大学生容易受外来社会思潮和不良信息的影响而变得选择困难，甄别信息的能力下降。因此，高校不仅要充分发挥黑板报、校园杂志和广播等传统媒介的作用，更要利用好大数据技术打造校园公共网络平台，设立甄别不良信息、预防"网络诈骗"、抵制校园贷款等专题，更要利用大数据掌握校园意识形态动向，对校园错误舆论和负面信息做出回应和澄清，引导校园舆论风向，提升校园官方媒体权威。同时，高校要加大对社会主流意识形态的宣传教育，建设思想教育特色主题网站，如北京大学的"红旗在线"网站、兰州大学的"萃英在线"网站和山东大学的泉韵心声 BBS 等，积极开展具有不同教育意义的思想教育实践活动，增强校园文化的生命力和创造活力，将思想教育贯穿大学生成长发展的全过程。

总之，大数据时代的到来标志着人类社会正进行着一次重大的社会变革，我们对大数据的理解要从感性认识上升到理性认识的高度，既不能因大数据带来了困境而片面否定它，也不能因大数据创造了机遇而全盘肯定它。大学生作为新时代的接班人，要用辩证的思维方式看待大数据，克服其消极因素，把握其积极因素，通过大数据技术的有效应用，为新时代大学生思想教育的创新发展增光添彩。

第四节　大数据时代学生事务管理工作创新路径

学生事务管理工作是服务于学校发展、服务于学生的基础性工作之一，是高校校务服务项目内容的重要组成部分。基于当前高校学生事务管理工作现实状况，充分分析高校学生事务管理工作的普遍特征和所面临的困境，从大数据应用、数据安全保障和提高学生工作人员信息素养等角度出发，逐步完善高校学生事务管理工作，对于提升高校的教育和管理绩效意义重大。

高校学生事务管理工作是高校育人工作的基础工作，是维护学校正常的教育教学秩序和生活秩序、保障学生健康成长的基础，是高校校务服务工作的重要内容之一。2019年4月，全国教育信息化工作会议总结了改革开放40年来，特别是党的十八大以来，我国教育信息化和网络安全工作取得的巨大成就，并就下一步重点工作任务提出明确要求。在信息化时代教育变革的大环境下，教育信息化"2.0行动计划"蓄势待发，高校学生事务管理工作需依托信息化突破固有工作模式，提高工作效率，提升校务服务工作水平。国内外很多高校大都通过建立学生信息管理工作系统，集约学生信息数据，整合学生事务业务，来满足工作需求。但如何解决信息化推进过程中存在的规范管理、数据安全等问题，进而实现精细化乃至个性化，仍需要不断地探索与实践。

一、当前高校学生事务管理工作的普遍特征

学生事务管理工作与信息化相结合是当前各国高校普遍采用的一项提高校务服务工作水平的基本举措。从国外来看，发达国家的高校学生事务管理工作借助信息化，建立了功能丰富且安全性较高的学生信息管理系统，在为学生办理事务提供方便的同时，也为管理者开展工作提供了有效抓手。如美国高校建立一号登录平台，学校师生仅用一个账号，即可登录学校各个部门机构的服务门户办理相关事务，系统平台以学生档案信息为核心；英国高校信息管理系统偏社会化服务，以学生为中心，功能注重结合英国现行教育制度，设有导师制、一站式学生服务中心、学生资助、毕业生跟踪服务等特色功能。从国内看，越来越多的高校开始重视学生信息管理系统的建设。如浙江大学、山东理工大学等较早地建立学生事务中心，通过整合学生事务，设立相关部门服务窗口，为学生提供便捷服务；华中师范大学以学生宿舍为基础建立网格化管理信息系统，强化管理与服务等。纵观国内外高校学生事务管理工作的建设情况，主要有以下普遍特征。

（一）以生为本，突出高效和便捷

随着网络信息技术的发展，互联网成为当代大学生共享与获取信息资源的渠道。高校在学生事务管理工作信息化建设中，在挖掘学生线上事务内容的同时，还要注重便捷性和高效性，提高用户体验。一是通过建立"一站式"线上或线下事务办理大厅，集约整合各类事务性工作，凸显便捷性和高效性；二是注重线上办理学生事务工作，整合事务，梳理简化流程，提高办理效率，打破空间限制，体现高效性和时效性；三是

探索窗口式综合事务办理，即类似银行柜台"一口式"办理模式，一个窗口即可办理各类相关学生事务。

（二）规范流程，线上线下相结合

学生事务办理流程的规范是学生事务管理工作的重要基础。当前，以"互联网+"为核心的新一代信息技术革命，成为驱动我国现代化建设事业创新发展的先导力量，许多高校充分利用新一代信息技术，建立了一体化学生信息管理平台，实现了线上线下相结合的事务办理模式。一是通过整合学生事务，打破时间和空间的局限性，梳理办事流程，优化流程策略，为学生提供"一站式"便捷事务办理平台；二是定制研发奖、惩、助、困等各类学生信息管理系统，通过办理流程的规则设置，以学生自主登记或申报为起点，层层递进，实现线上无纸化办理；三是拓展学生自助服务模块，自助办理成绩单、各类证明、荣誉证书等格式化材料，提供个性化自助打印、下载等服务。

（三）数据共享，各门户互联互通

从大学生个体的成长过程来看，从新生入校到毕业离校，各个阶段都需要对接多个部门提供的数据信息；从学生事务管理工作来看，所有在校学生都会涉及个人基本信息，学习、奖惩等相关在校表现情况方面的数据信息。如果将这些数据信息进行有效整合并共享，就可以为学生在校表现提供必要的数据信息支持，也可为决策者提供数据参考。一是依托智慧校园建设，基于学校平台建立学生事务信息管理平台，实现各部门数据信息资源的相互交换与综合利用；二是整合学校各部门学生各类数据信息，借助大数据分析开展精准化、个性化工作；三是加强数据安全策略，注重学生档案电子化管理。

二、高校学生事务管理工作所面临的困境

（一）思想认识存在偏差

在当前的信息化时代下，很多高校的管理者均能通过学习掌握相关的技能来适应信息化的工作与生活，但因为部分管理者对学生事务管理工作信息化认识不足，导致学生工作信息化建设落后甚至停滞。有些高校学生管理者认为，信息化就是"花架子"，学生事务管理工作还是要强调"仪式感"，要用传统的手写面授才有效果，才会符合规范化标准；还有的管理者认为，自己掌握的计算机知识足以应对学生事务管理工作，不必耗费过多的时间投入信息化管理。此外，在信息化环境下，虽然大多数高校都搭建了基于网络的学生信息管理平台，但由于缺乏先进的管理理念，系统平台往往目标简单，功能单一，缺乏生命力和吸引力，更有甚者成为"装门面"的摆设。

（二）信息孤岛问题突出

"信息孤岛"是指信息资源分散且不能共享，导致信息资源利用率低的现象。对于高校而言，信息孤岛就是各部门各自为政、信息各自垄断、事务各自办理的现象，这一现象在学生事务管理工作中尤为明显。纵观各高校信息化建设发展进程，"信息孤岛"问题在信息化建设初期并不明显，"信息孤岛"现象有一定的必然性，是在信息化建设发展到一定阶段的具体体现。对于学生事务管理工作而言，各项工作之间的关联性，决定了与学生事务相关的各个职能部门要

互联互通，协同配合，虽然有部分高校建立了"一站式"事务大厅，但因各入驻部门自主开发的业务系统独立性较强，数据无法实时共享依然是突出问题。

（三）数据安全现状堪忧

大数据时代，随着存储成本的降低和分析工具的日益先进，采集和存储数据的数量和规模呈爆发式增长。然而，因发展目标、工作任务等因素影响，高校的网络信息安全建设工作远没有达到银行、证券等金融行业的高级别体系防护和大规模投入。在开放的大数据环境下，高校的数据在采集、存储、传输和使用等过程中缺乏必要的防护措施，大量个人敏感信息的安全性无法得到有效保障，数据安全现状堪忧。2017年全球多个国家爆发勒索病毒，为保证个人用户安全，运营商将445端口封掉，但校园网络的配置策略级别不高，使得校园网络成为网络病毒攻击的重灾区。除了技术层面的安全隐患外，高校大数据专业管理人才的匮乏也尤为突出。

（四）信息素养有待加强

高校学生事务管理工作涉及的内容很多，故学生工作信息管理系统是一个庞大的校内局域网系统，它的开发与维护是一项技术性较强的工作，需要由专业技术人员进行日常管理、运行和维护，并及时处理软、硬件日常出现的故障问题等。但是，当前高校的学生工作人员信息化素养普遍偏低，专业人员短缺现象较为突出。一是目前高校内大多数学生工作管理人员，对信息技术的便捷性认识不够，对相关系统的研发参与度不高；二是专业技术人员对学生事务办理流程不熟悉、对学生网络需求分析不足；三是固化的工作惯性思维严重，对运用信息化相关新生事物的适应力和积极性不足。

三、学生事务管理工作信息化的推进措施

（一）大数据分析促精细化管理

对高校学生事务管理工作而言，在推进信息化建设过程中需要提高对数据信息的敏感性，主动收集、整理信息数据并认真分析各数据之间的相关性，力促精细化管理。

我国很多高校在大数据分析领域都做了很多研究探索。其中，电子科技大学通过研发"学生画像"系统，有效建立学业预警机制，具体是收集学生出入寝室的时间、进出图书馆的次数等数据，分析与实际行为的关联性，进而预测学生的挂科风险。华中师范大学构建了"一张网"学生信息网格化动态管理系统，能自动将学生晚归、未归等预警信息通过手机 APP 推送给辅导员、班主任，便于对学生的安全教育与管理；能即时地跟踪学生上网动态，做好网络舆情的引导和控制；能根据学生"一卡通"消费情况的大数据分析，做好贫困生"精准扶贫"等。"一张网"增强了学生工作危机预警和事前干预能力，对于维护校园稳定起到了重要作用。

（二）数字化校园助力数据安全

当前信息化时代，大数据分析为学生事务管理工作提供了很大的便利，但是随之而来的突出问题是数据安全问题。除了数据安全相关制度推行落实以外，技术手段也应跟进。目前，有的高校数据安全防护软件虽已进行了多次更新升级，但与之配套的宿舍门禁、图书馆门禁等硬件设施因年代久远，维护不力，导致采集到的数据与实际情况差别较大，造成决策误判；有的高校学生工作信息化建设轻基础重形式，工作没有

连贯性和传承性，没有根据实际情况有计划地推进数字化校园建设，导致人、财、物大量浪费；更有的学校对数据安全防护意识不强，出现系统漏洞时不能采取有效措施及时修复，导致学生数据泄露等。只有做好前期规划布局，提升相关人员的数据安全和保密意识，采用国产软、硬件设备设施，物、技、人三防合力，才能筑牢学生数据信息安全防护网。

（三）专业化队伍增强工作实效

高校学生事务管理工作是一项复杂而艰苦的工作，学生工作人员在学生事务管理工作中发挥着不可替代的作用，而信息技术运用于学生工作后，既具备一定的信息技术技能，又精通学生事务知识的人员成了稀缺资源。高校构建学生事务管理工作信息化的模式势在必行，要彻底地改变原始的管理模式，需要根据实际情况建立专业化学生事务管理工作队伍。当前，有的高校在学生工作管理部门专设学生工作信息化管理部门，选拔懂技术的人员专项负责学生工作信息化建设；有的高校积极与本校网络信息管理部门沟通合作，聘任兼职技术人员与学工人员参与信息系统的维护；有的高校吸引社会力量，共建学生工作信息化。掌握信息化手段是学工人员工作能力的体现，学工队伍的专业化提升是增强工作实效的重要推动因素。

第五节　大数据时代学生危机事件管理体系的构建

近年来，随着高校扩招政策的不断推进以及高校学生规模的不断扩大，高校生源结构也越来越复杂，加上互联网的快速发展，随之而来的学生危机事件频发。面对如此严峻的形势，传统的高校学生危机事件管理模式低效、滞后，亟须改进。其中，如何利用大数据提前进行学生危机事件预警成为关键。大数据也称巨量资料，是指那些大小已经超出了传统意义上的尺度、一般的软件工具难以捕捉存储管理和分析的数据。其中，高校学生信息系统已然成为网络数据生产大户。麦肯锡全球研究中心数据显示，仅2009年美国教育部某信息系统的数据库就膨胀至269P字节（1个P字节等于10亿个M字节），这个庞大程度直接入选当年全美十大数据生产贡献量排名。当前，我国高校学生网络数据扩展速度同样如此迅猛，甚至更为突出。在我国，学生数量超过万人的大学有很多，再加之互联网技术在学生教育管理领域的普遍运用，学生无论是学籍信息、上课考勤、学业成绩，还是校园卡消费、住宿情况、校园网使用、缴费、论坛、微信、微博等，都会产生大量数据，经过多年运营积累，就构成高校信息系统中的"大数据"。这种"大数据"有很高的教育管理与科研价值，如果将其应用于学生危机事件的监测与预警，将会使高校的学生危机管理效率大大提高。但目前我国高校在这方面的探索与应用还比较欠缺。例如，2014年2月27日，南京某高校一博士生疑因生活压力太大跳桥自杀，从后续的事件调查中发现，该生的校园卡消费记录数据显示，此前他已经有近半个月无任何校园卡消费行为，这一数据本身就有可能为此博士生自杀事件提供预警。遗憾的是，这个数据并没有被学校相关管理人员重视和运用。2016年9月下旬，一高职院校大二女生因为躁狂抑郁症（又称"双相心境障碍"）发作被送往脑科医院，并被确诊躁狂抑郁症。因为事发突然，家长无法接受现实，认为孩子生病的责任在学校，指责学校之前没有及时进行心理干预。这名女生此前的课堂出勤记录数据显示,她从大一下学期开始就经常旷课,并多次在QQ空间、微信等网络平台上发表一些奇怪的言论,甚至扬言要自杀,这些网络数据同样没有被学校的学生管理部门重视和运用。这些案例说明,在学生危机事件管理领域,建立在相关关系分析方法基础上的大数据分析与评估,能够对可能发生的高校学生危机事件进行精准定位,为高校学生管理工作者做出准确判断和决策提供数据支撑,进而有效避免可能发生的危机事件,保护大学生的人身和财产安全,维护高校的安全稳定。本节试图分析大数据环境下高校学生危机事件管理面临的机遇与挑战,并基于大数据的监控与预测、分析与评估、整理与总结,从基本理念、技术支持和组织保障三个方面探寻大数据时代高校学生危机事件管理体系构建的路径。

一、当前我国高校学生危机事件管理现状

作为南京大学生高度密集的区域,仙林大学城也是学生危机事件高发地,并且呈现多校联动效应。为更好地了解大数据时代背景下我国高校学生危机事件管理现状,本研究团队于2016年12月3日至2017年3月8日分别对南京大学、南京师范大学、南京邮电大学、南京中医药大学、南京理工大学紫金学院、南京工业职业技术学院、南京信息职业技术学院等典型高校进行实地问卷调查和专家访谈。本次调查共发放问卷200份,有效问卷为123份。调查对象中,男性学生居多,占总数的64.6%,女性学生占总数的35.4%。同时,调查对象所在年级主要集中在大二。所在年级总体分布为:大一占10.1%,大二占66.7%,大三占9.1%,大四和研究生各占7.1%。调研数据分析采用定性与定量分析相结合、规范方

法和经验方法相补充的方式。调查数据中定性部分根据问卷提纲进行手工汇总，数据分析采用SPSS22.0软件。

（一）高校学生危机事件管理的客体信息资源更加全面、集中

长期以来，传统的高校学生危机管理模式主要依赖与危机事件直接相关的局部数据和片面数据、抽样数据来分析危机事件发生的原因，这样的信息资源比较片面、分散且滞后，往往都是一种事后干预的被动行为。而"大数据的核心就是预测""这些预测系统之所以能够成功，关键在于它们是建立在海量数据的基础之上的"。本研究团队通过调查发现，当前我国高校学生网络使用范围十分广泛，网络数据扩展速度迅猛。高校信息系统通常都是很庞大的，囊括学生校园生活的方方面面，包括成绩、借书、上网、出勤、住宿、缴费、刷卡、心理普查等，这些海量数据能更加全面、集中地捕捉和还原学生的生活轨迹。如果基于相关关系，将这些数据运用于学生危机事件管理领域当中，很显然会比传统的局部数据更精准、更高效。

（二）高校学生危机事件爆发的可能性较高

调查结果显示，调查对象中占总数67.7%的人听说过或经历过高校学生危机事件。其中，听说过但没经历过的占45.5%，亲身经历过的占22.2%，另外还有11.1%的人不确定是否听说或经历过高校学生危机事件。这部分人也是有潜在可能性接触过高校学生危机事件的。同时，调查结果还显示，调查对象中有占77.7%的人认为高校危机事件是有可能发生的，有22.2%的人认为高校危机事件是非常有可能发生的。只有5%的人认为高校学生危机事件不可能发生。由此可见，在多数学生看来，当

前高校的学生危机事件随时可能发生,构建科学有效的高校学生危机事件管理体系十分必要与迫切。

(三)高校学生危机事件爆发的隐蔽性、偶然性较强

据调查结果显示,调查对象中占总数30.6%的人听说过或经历过的高校危机事件是学生个体心理危机事件,有30.0%的人听说过或经历过的高校危机事件是校园人身伤害事件。可见高校学生危机事件主要集中在学生个体心理危机及校园人身伤害两个类型中。另外还有18.1%的人遇到的高校学生危机事件是因偶然因素激发的群体性集结事件。同时,调查结果显示,调查对象中43.3%的人在遇到困境时倾向于转移注意力,另有20.0%的人选择压抑情绪与烦恼,还有20%的人选择发泄。只有分别为16.0%和0.7%的人选择告诉教师或其他等外界帮助的方式化解困扰。可见多数大学生在遇到困境或心情不好时倾向于自我调节而不会寻求显性的外界帮助。由此可知,高校学生危机事件的爆发具有较强的隐蔽性和偶然性,多是不为外人道的心理危机及突发性的伤害事件,如果不运用网络大数据分析,很难依靠传统学生管理模式预知。

(四)当前高校学生危机事件管理模式效果不明显

据调查结果显示,多数高校的大学生危机事件管理模式效果不明显。虽然调查对象中29.3%的学生所在的高校有大学生危机事件管理方案,但35.4%的人认为本校的大学生危机事件管理方案效果一般,还有11.1%的人认为没有效果。另外,调查对象中48.5%的人不确定自己所在学校有没有大学生危机事件管理方案,43.4%的人不确定自己所在学

校的大学生危机事件管理方案是否有效果。这种不确定从侧面反映出当前多数高校的大学生危机事件管理模式效果并不明显。

（五）大数据在高校学生危机管理中的运用并不普遍

据调查结果显示，调查对象中占总数56.6%的人对大数据虽然听说过但并不了解，还有16.2%的人对大数据完全不了解，另有14.1%的人对此不确定。可见，大数据并没有在高校的学生教育管理中被普遍运用，因此大多数大学生既没有接触到也没有亲身感受到大数据在自身学习、生活当中的作用，即便听说过大数据但对此也没有直观且深刻的了解。

三、大数据时代构建高校学生危机事件管理体系的路径选择

（一）大数据时代高校学生危机事件管理的基本理念

第一，放弃追求精确度，注重学生危机事件管理大数据的宏观性。"大数据并非一个确切的概念。最初这个概念是指需要处理信息量过大，已经超出一般电脑在处理数据时所能使用的内存量，因此，工程师们必须改进处理数据工具。"大数据分析是"当今社会所独有的一种新型能力：以一种前所未有的方式，通过对海量数据进行分析，获得有巨大价值的产品和服务，或深刻的洞见"。因此，数据规模宏大是大数据的一个基本特征。基于此，在做大数据分析时，我们理应充分考虑大数据的宏观性，不能在选用数据的精确度上做过多要求，这与数据分析的结果是精准的两个概念。同样也要注重学生危机事件大数据的宏观性，与学生生活、学习相关的一切数据都可能被运用到学生危机事件的管理当中，不同的只是核心数据和边缘数据的层次区别，这种宏观性能够尽可能全面地为

高校学生管理部门的学生危机事件管理提供数据支撑。

第二，放弃寻求因果关系，注重学生危机事件管理大数据的相关关系。人们通常习惯于在解决问题之前探寻原因，这是我们在传统信息时代处理问题的思维惯性，弊端是问题处理的滞后性。在大数据时代，这种思维惯性被打破，很多看似与事件发生并无直接因果关系的数据同样对分析事件产生的可能性具有意义。大数据分析是基于大规模数据的信息技术，但它并非大量数据的简单堆积，而是数据间存在着或直接或间接的相关性，在这些可采集、有相关性的数据中进行分析、挖掘，得到更多有价值的潜在信息是大数据的最终目标，因此数据间是否具有相关性是大数据的一大特征。高校学生危机事件处理的大数据运用同样也是如此。正如本节所述，某高校博士生跳桥事件中，博士生的校园卡消费数据看似与他的自杀行为并无直接的因果关系，但实际上从侧面反映了一个人的生活状态，与博士自杀行为是具有相关关系的。分析这些具有相关性的大量数据，给出的结果能使危机事件的预警成为可能，这是大数据分析突破传统思维的一个重大价值——由直接的因果分析到间接的相关分析，由直线分析到发散式分析。

第三，放弃依赖僵化技术，注重高校学生危机事件管理大数据的重组与除旧。大数据分析优势之一是数据量大。大量的数据不可能一直叠加、一直储存，到一定的阶段，必须要进行重组与除旧。高校危机事件管理的大数据重组与除旧需要做得及时且高效，一旦数据僵化，造成数据泡沫，后果不堪设想。因此，随着学生毕业、就业等学籍异动情况发生，必须实时进行数据除旧处理。有些具有同质性的学生管理数据也可进行重组、合并，以减轻数据分析压力。

（二）大数据时代高校学生危机事件管理的技术支持

第一，整合各类数据平台信息，搭建大数据资源库。随着互联网技术在高校教育管理工作中的普遍运用，高校各教育管理部门都有自己的学生数据管理平台，包括后勤服务管理平台、教务管理平台、校园网络资源管理平台、学生信息管理系统等，这些平台的数据为高校学生危机事件的管理提供了极其丰富的网络资源。但目前各学生教育管理部门的数据平台还并未实现数据整合与共享，还未真正形成学生教育管理的大数据格局，处在各自为政的状态。因此，构建大数据框架下的高校学生危机事件管理体系，首先需要在技术上打通高校学生管理部门各类数据平台的壁垒，整合信息资源，不断细化功能，扩大信息采集覆盖面，增强信息采集能力，搭建信息资源共享平台，加强各类信息的收集与整合。通过对这些数据的抽象、加工，将高校海量数据汇聚、融合，从而形成大数据资源库。

第二，利用云计算技术建立学生危机事件分析模型。大数据的应用在很大程度上得益于云计算模式在各个领域的发展。云计算其本质就是以互联网为载体，利用非本地或远程服务器（集群）的分布式计算机，为用户提供大规模资源共享服务。高校学生危机事件大数据管理模式是建立在将校园内已有的零散的各类管理平台、数据资源、网络资源整合统一，并将学生网络生活数据这一重要信息来源首次大规模地整合加入，配以个人公共信息数据，通过大数据强大的数据捕捉、整合、分析能力，以分析样本总体的决定性优势。因此，将高校大数据通过云计算技术进行整合、分析，搭建学生危机事件预测分析模型是关键。高校大数据类型复杂多样，杂乱无章，既有结构化数据，又有非结构化、半结构化数据，在处理过程中必须建立统一的数据运算标准，技术上依托云计算技术，包括运用决策树算法、关联规则挖掘等技术，才能有效地对学生危机管理数据进行梳理、分类和反馈，从而做到危机事件的监控、预测与应对。

（三）大数据时代高校学生危机事件管理的组织保障

第一，基于大数据监控与预测，建立高校学生危机事件管理的监测预警组织。高校学生危机事件的预警往往比处理更加重要。然而，传统的高校学生危机事件管理模式往往习惯依靠学生管理者的个人经验及独特的危机敏感性，强调个人感知与经验原则。他们危机预警的来源主要是日常学校检查、学生意见、教师反映、班级常规、学生事件与社会反应信息，这样的信息来源不具备稳定性和准确性，因此往往陷入主观性太强、连续性不够的泥沼。基于大数据监控与预测建立的高校学生危机事件管理监测预警模式正好克服了这一弱点。它是基于高校大数据的监控与分析而建立的能提前感应学生危机事件可能发生的数据预警组织，并对数据与危机之间的关系进行提前评估，从而为危机干预小组迅速转入危机事件干预状态、采取及时的行动提供数据支撑。它是高校学生危机事件管理体系正常运转的前提和基础，可以由学校、二级学院、班级、宿舍四级数据监测分析人员组成。由于大数据的收集、整合、分析过程本身具有很强的专业性，因此组织人员必须是掌握专业化的数据处理技术的人才，任务主要是对各种学生管理数据进行收集、加工、分析，精准识别各类学生危机事件征兆数据，对可能发生的危机事件的性质、范围及后果进行评估，将数据评估结果及时汇报给对接部门，为学校领导层针对学生危机事件进行决策提供依据，同时，将预测结果向学生教育管理部门定期发布，以便有关部门做好危机应对准备。

第二，基于大数据分析与评估，建立高校学生危机事件管理的应急处理组织。它是高校学生危机事件管理体系的核心环节，指高校学生危机事件发生后，依据危机事件性质、成因及危害程度等相关数据分析与评估结果，制订处置方案、确定到场人员、现场实施危机干预等行动的专门组织。基于大数据分析与评估，建立应急处理组织，有助于对危机事件进行精准控制、减少危机事件的破坏性后果、为危机化解创造条件。它既包括对危机事件进行直接的干预，同时也包括对学生危机事件进行最直接全面的数据检测，具体操作程序应是：学生危机发生后，该组织应对危机事件进行迅速处理、全面指挥，并迅速控制危机的扩展和蔓延，根据大数据评估危机危害等级、可能带来的后果，迅速评价危机事件的态势，通知危机事件相关人员；基于数据分析展开事件成因调查，为危机事件的受害者提供帮助，并及时做好相关人员安抚和善后工作，确保人员、财产的安全；对外发布公开声明，对内进行内部沟通，避免不利信息的传播；后勤保障部门同时做好保障和服务工作。这一环节需要多部门协同配合处理，因此需要学校领导牵头成立专门的、常态化的组织。

第三，基于大数据整理与总结，建立高校学生危机事件管理的跟踪反馈组织。它主要是对已经发生并得到干预的学生危机事件相关数据进行持续跟踪，并反馈危机事件当事人的恢复情况，实时进行分类整理，及时总结、提炼规律，避免类似事件再次发生。在危机事件应急处理组织对学生危机事件进行充分干预后，危机事件逐步缓解，此时，学校的工作重心理应转移到危机事件的恢复管理及跟踪反馈阶段上，这一阶段仍然需要利用大数据分析技术，评估学校危机处理过程及成效，寻找事件发生的缘由，持续跟踪危机事件当事人的恢复情况，提炼总结工作规律，避免重蹈覆辙。因此，此阶段需要数据分析人员及时进行相关数据的整理归档，建立完备的危机事件处理电子档案，改进学生危机事件管理工作，防止类似事件的再次发生，提高相应的预警与处置能力。而大数据分析技术为精准地寻找工作方法、提炼工作规律提供了数据支撑。其具体工作步骤应为：首先，收集、整理危机事件处置过程数据；其次，对危机处理数据进行评估，形成学生危机事件处置绩效分析；最后，分类危机事件性质进行数据整理分类，对学生危机事件处置中或现实中存在的问题进行梳理，并提出整改意见，形成数据分析报告，反馈至相关部门落实。

参考文献

[1] 安世遨. 对话管理——大学生管理新范式 [M]. 重庆：重庆大学出版社, 2010.07.

[2] 蔡熙文. 高校学生管理与实践创新研究 [M]. 北京：北京工业大学出版社, 2020.07.

[3] 邓军彪. 地方高校大学生管理工作的创新与实践研究 [M]. 汕头：汕头大学出版社有限公司, 2021.06.

[4] 奉中华, 张巍, 仲心. 大学生教育管理的创新与实践研究 [M]. 长春：吉林人民出版社, 2021.05.

[5] 傅真放, 邓军, 吴佩杰等. 高等学校学生管理 [M]. 南宁：广西人民出版社, 2007.11.

[6] 黎海楠, 余封亮著. 高校学生管理与和谐校园 [M]. 长春：吉林出版集团股份有限公司, 2019.07.

[7] 李玲. 高校学生管理工作创新研究 [M]. 长春：吉林人民出版社, 2020.01.

[8] 李宁. 大学生心理健康与自我管理研究 [M]. 秦皇岛：燕山大学出版社, 2019.05.

[9] 刘青春.信息时代高校学生管理模式的转变及创新[M].沈阳：辽宁大学出版社,2021.05.

[10] 刘长海.教育性学生管理研究[M].武汉：华中科学技术大学出版社,2022.04.

[11] 莫春梅.服务与发展理念下的高校学生管理研究[M].北京：中国原子能出版社,2019.07.

[12] 屈善孝，梅子健.高校学生管理法治化研究[M].北京：经济日报出版社,2010.09.

[13] 沈佳,许晓静.基于多视角下的高校学生管理工作探究[M].北京：现代出版社有限公司,2022.01.

[14] 万敏，罗先凤，王利梅，陈燕秋，林文娇，许炜萍.新时代大学生管理能力培养与提升[M].长春:吉林大学出版社有限责任公司,2021.10.

[15] 王炳堃.高校大学生管理教育与校园文化建设[M].长春：吉林出版集团股份有限公司,2021.10.

[16] 王凯.和谐校园建设下高职院校学生管理研究[M].长春：吉林出版集团股份有限公司,2020.05.

[17] 王晓晴.高等职业院校学生管理过程控制模式与实践[M].昆明：云南人民出版社,2014.07.

[18] 杨大鹏，马亚格，罗茗.高校学生工作管理创新研究[M].北京：北京理工大学出版社,2019.10.

[19] 杨金辉.校园文化建设和学生管理工作的互动机制[M].北京：中国原子能出版社,2020.03.

[20] 杨锐.新时代高校学生事务管理理论与实践[M].长春：吉林人民出版社,2021.06.

[21] 杨潇.高校学生管理工作与法治化研究[M].北京：北京工业大学出版社,2021.04.

[22] 姚孟春等.高等院校学生管理工作研究[M].昆明：云南科学技术出版社,2005.11.

[23] 钟贞山.权益诉求视域中的大学生管理法治化研究[M].南昌：江西人民出版社,2017.12.

[24] 邹礼均主编.大学生安全教育与管理[M].重庆：重庆大学出版社,2018.08.